50 kinderleichte Rezepte
Das
MEIN LOTTA-LEBEN
SNACK-KOCHBUCH
von Baumhaus-Sandwich
bis Wraps to Go
CHRISTIAN

Das MEIN LOTTA-LEBEN SNACK-KOCHBUCH

CHRISTIAN

Inhaltsverzeichnis der Rezepte

BLASTER
BLASTER

MILCH

Juchhu,

jetzt wird's sommerlich! Ich finde jedenfalls, dass die ganzen Snacks hier voll gut zum Sommer passen, weil sie total nach Picknick und Klassenfest und Lagerfeuer und Baumhaus schmecken. Und alle sind bunt oder fruchtig oder knusprig oder einfach alles zusammen und man kann sie gut überall mit hinnehmen. Das einzig Blöde: Ich kann mich nie entscheiden ... Was soll ich zum Beispiel fürs WILDE-KANINCHEN-Picknick im Baumhaus machen? Vielleicht die **Pizzaspieße?** Oder den **Nudelsalat im Glas?** Oder einfach meine Spezial-Baumhaus-Sandwiches?

CHEYENNE findet sowieso den **Nachtisch** am wichtigsten. „Mach doch mal wieder diese megaleckeren Milch-Schoko-Schnitten", hat sie heute nach der Schule vorgeschlagen. **„Und Wassermelonen-Slushi!"** Aber da hat Paul gesagt, dass er lieber Banane am Spieß mag, und ***Rémi*** hat genickt. **„Kugel mit Energie"**.

Oh Mann, ***Rémi***,. Ich glaub, ich backe einfach bunte Waffeln!

Morgen gehe ich dann zum Äpfelpflücken zu Oma und Opa. Die beiden haben dieses Jahr sooo viele Äpfel! Zuerst koche ich mit Oma zusammen Kompott und dann kriege ich noch einen ganzen Korb Äpfel mit nach Hause.

Ich hab auch schon voll die guten Ideen: Bevor Mama irgend so ein indisches Apfel-Ayudingsbums kochen kann, mache ich daraus **Apfeltaschen, Apfel-Lollies und Vanille-Grießbrei mit Äpfeln.**

Hmmm!

Nein, Finger weg, **Blödbrüder!** Na gut, ihr kriegt ein paar getrocknete Apfelringe ab. Aber nur, wenn ihr dafür die Geschirrspülmaschine ausräumt.

So, jetzt muss ich in die Küche. Mir ist nämlich gerade eingefallen, dass ich unbedingt **Blätterteig-Käsefüße** machen muss. Für ***Rémi***, hihi. Damit er nicht auf die Idee kommt, mir schon wieder irgendwas Herzförmiges zu schenken.

Ganz viel Spaß beim Snacken!!!

Eure LOTTA

Food to go

Das ist Englisch und heißt „Essen zum Gehen" oder so. Na klar geht das Essen nicht von alleine, aber man kann alle Snacks in diesem Buch überall mit hinnehmen. **Cool, was?**

Egal, ob wir in den Urlaub fahren oder uns nur im Baumhaus treffen oder ich meinen Geburtstag am Lagerfeuer feiere – ich muss bloß ein bisschen in diesem Buch blättern und, **schwupps, finde ich genau die richtigen Rezepte.** Und wenn ich mal keinen Snack zum Mitnehmen brauch, dann esse ich ihn eben gleich auf. Das geht nämlich auch, hihi!

VORBEREITEN

Also, ich hab hier ein paar Tipps für euch: Und zwar solltet ihr erst mal überlegen, wofür ihr die Snacks überhaupt braucht: **für eine Autoreise? Für einen Besuch im Zoo? Ein Klassenfest oder eine Geburtstagsparty?**

Jedenfalls ist es gut, wenn ihr immer ein paar unterschiedliche Sachen vorbereitet, damit für jeden was dabei ist: zum Beispiel **was mit Fleisch und was Vegetarisches.** Oder vielleicht sogar **was mit Fisch** (wobei Cheyenne meint, Fisch braucht man nicht, **Schokolade ist viel wichtiger**). Die fertigen Sachen könnt ihr dann hübsch in Schalen oder Gläsern oder auf Tellern dekorieren. Ihr könnt sogar mit bunten Bändern kleine Schilder daran festbinden, auf denen die Namen eurer Snacks stehen.

Bis die Gäste da sind, stellt ihr die Sachen dann am besten erst mal **zugedeckt in den Kühlschrank oder einen kühlen Raum.** Nicht dass da vorher schon Fliegen und Wespen drangehen. Zum Schulfest oder zum Picknick verpacke ich alle Snacks in Vorratsdosen, die ich mit Aufklebern beschrifte, damit ich auch weiß, was drin ist. Außerdem kriegt man anschließend dann auch die richtigen Dosen wieder mit nach Hause.
Am besten nehmt ihr keine weichen, cremigen und klebrigen Sachen mit, weil das nämlich voll die Sauerei geben kann. **Besser sind Sandwiches, Spieße, Käseschnecken, Waffeln oder alles im Glas.**

Lest euch immer zuerst das gesamte Rezept durch, bevor ihr den Einkaufszettel schreibt oder mit der Zubereitung anfangt.

Oft gibt es im Küchen- oder Kühlschrank nämlich schon Zutaten, die ihr verwenden könnt. Stellt euch alle Zutaten und die benötigten Utensilien bereit und legt dann erst los.
Gut ist es, wenn ein Erwachsener in der Nähe ist, falls es was zu fragen gibt. Und passt bloß auf, dass eure **Blödbrüder** nicht schon vorher die besten Zutaten aufessen!!!

VERPACKEN

Frischhalte- und Alufolien und sowas sind ja voll schlecht für die Umwelt. Aber zum Glück hat Mama den ganzen Küchenschrank voller **Dosen mit Deckel**.

Da kann man nämlich alles reinlegen, was einigermaßen fest ist, so wie Sandwiches und gebackene Sachen. Salate, Cremes und flüssige Speisen kommen ins Glas. **Papa sammelt im Keller Gläser mit Schraubverschluss – angeblich**, um sie irgendwann mit zur Schule zu nehmen. Natürlich hat er die vorher gründlich ausgespült. Deshalb schmeckt man jetzt auch nicht mehr, ob da mal Honig oder Marmelade drin war – oder Senf oder Gurken.
Die Gläser kann man übrigens auch noch schön verzieren: mit wasserfesten Stiften, bunten Bändern oder Aufklebern.

Ach ja: Und wenn ihr ein Picknick macht, vergesst bloß nicht das Besteck!

AUFBEWAHREN

Alle Snacks, die ihr für eine Party oder zum Mitnehmen vorbereitet habt, solltet ihr in den Kühlschrank stellen, bis es losgeht. **Dann bleiben sie lecker und frisch.**

Am besten, ihr verpackt die Sachen gleich so, wie sie später gebraucht werden. Das spart nämlich Arbeit. Also: Salat und Cremes in Gläser mit Deckel, Sandwiches gestapelt in eine Dose und alles, was tropft (so wie zum Beispiel Melonenscheiben), in einen Behälter, aus dem nix ausläuft. Auch Kekse, Cracker und Müsliriegel gehören in Vorratsdosen.

Kühltaschen mit Kühlpacks sind cool, vor allem, **wenn es so richtig heiß ist.** Fragt mal eure Eltern, ob ihr sowas habt. Und achtet während des Picknicks darauf, dass alle Lebensmittel immer im Schatten stehen. Ihr merkt schon: **Kälte ist echt wichtig dafür, dass eure leckeren Snacks lange frisch bleiben und nicht zu schnell schlecht werden.**

Zucker
Mehl
MILCH
Zimt

Echt cool!
Löffelglück im Glas
Die wilden Kaninchen
WK

Selbstgemachtes Knuspermüsli

Das Müsli reicht für eine ganze Woche. **Also, außer Mama knuspert mit. Dann ist es natürlich schon nach 3 Tagen alle.**

Ihr braucht 1 Stunde!

Das braucht ihr dafür
1 große Rührschüssel,
1 Löffel, Küchenwaage,
2 Backbleche mit Backpapier ausgelegt

Zutaten
250 g zarte Haferflocken
250 g kernige Haferflocken
1 Prise Salz
4 EL Apfelmark
3 EL brauner Zucker
1 TL Zimtpulver
(oder 1 EL Vanillezucker, was ihr mögt)
4 EL Speiseöl

Wiegt alle Zutaten ab und stellt sie bereit.

Gebt die **gesamten Haferflocken** mit dem **Salz**, dem **Apfelmark**, dem **Zucker**, dem **Zimt** oder **Vanillezucker** und dem **Öl** in eine Schüssel.

Vermischt alles gründlich mit einem Löffel, **dann verknetet ihr es mit sauberen Händen zu Streuseln.** Schaltet den Backofen auf **150 °C Umluft** ein und stellt beide Backbleche bereit.

Verteilt die Haferflockenmischung auf den Backblechen. **Anschließend holt ihr euch einen Erwachsenen dazu und schiebt die Backbleche in den Ofen.** Lasst alles 30–40 Minuten backen, bis die Haferflocken schön knusprig und gebräunt sind.

Nach der Hälfte der Backzeit wendet ihr die Haferflockenstreusel einmal, damit sie von allen Seiten **schön knusprig** werden. Nach der Backzeit öffnet ihr die Backofentür einen Spalt breit und lasst die Knusperflocken im Backofen abkühlen. Zum Schluss füllt ihr das Knuspermüsli dann in **Vorratsdosen.**

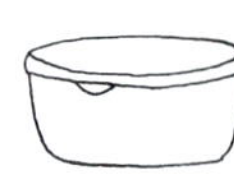

Am allerbesten schmeckt es mir mit MILCH oder JOGHURT und FRÜCHTEN. **Mama übrigens auch.**

Kühlschrank-Müsli

Ich kann jetzt übrigens jeden Morgen 10 Minuten länger schlafen.

Voll cool. Und wisst ihr, warum? Weil mein Frühstück schon im Kühlschrank auf mich wartet!

Reicht für 4 Personen (also **4 Frühstücke für mich**. Außer meine **Blödbrüder** finden die Gläser schon vorher.) **Dauert 10 Minuten** plus Ruhezeit über Nacht.

Das braucht ihr dafür

Küchenwaage, Mixbecher und Pürierstab, 4 saubere Schraubgläser (300 ml), 1 Löffel

Zutaten

1 große Banane
200 ml Milch
100 g zarte Haferflocken
1 EL Honig
1/2 TL Zimtpulver

Außerdem

frisches Obst für das Müsli, und zwar, was ihr mögt (könnt ihr morgens frisch schneiden) 2 EL gehackte Mandeln oder andere gehackte Nüsse

Wiegt alle Zutaten ab und stellt sie bereit.

Schält die Banane, brecht sie in Stücke und gebt sie mit der Milch **in den Mixbecher.**

Püriert das Ganze und rührt anschließend die Haferflocken, den Honig und das Zimtpulver unter.

Nun verteilt ihr die Mischung auf die vier Gläser und verschließt sie danach mit Deckeln. **Die Gläser bewahrt ihr im Kühlschrank auf.**

Und dann habt ihr **4 Tage lang** voll das leckere Müsli zum Frühstück – ihr müsst bloß noch klein geschnittenes Obst und Nüsse dazutun.

Finger weg, JAKOB UND SIMON! Macht euch gefälligst **euer eigenes Müsli!**

ORANGEN-SCHOKO-SCHICHTQUARK

Voll die leckere Creme – und **ich krieg sie ganz alleine hin!** Wetten, CHEYENNE will davon noch eine zweite Portion, nachher im Baumhaus?

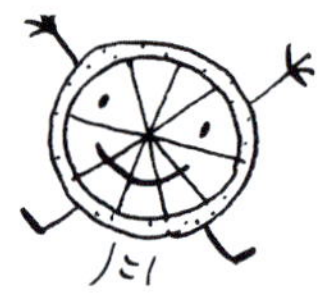

Das braucht ihr dafür

Küchenwaage,
2 Rührschüsseln,
1 Schneebesen,
4 saubere Schraubgläser (250 ml),
1 Zitronenpresse

Zutaten

500 g Speisequark (20 % Fett)
250 g Joghurt
2 EL Honig
1 Päckchen Vanillezucker
2 EL Kakaopulver
75 g Schokoraspel
1 Orange
1 Handvoll Erdbeeren oder Himbeeren

Wiegt alle Zutaten ab und stellt sie bereit. Gebt den Quark, den Joghurt, den Honig und den Vanillezucker in eine Schüssel. Rührt alles mit dem Schneebesen glatt.

Jetzt füllt ihr die Hälfte der Quarkmasse in eine zweite Schüssel. Die eine Hälfte verrührt ihr mit dem Kakaopulver und den Schokoraspeln.

Danach müsst ihr die Orange halbieren und den Saft auspressen, bevor ihr die andere Hälfte der Masse mit dem Orangensaft glattrührt.

Nun füllt ihr beide Quarkcremes **abwechselnd** in **dünnen, gleichmäßigen** Schichten in die Gläser. Natürlich kann man die Creme gleich essen. Man kann die Gläser aber auch mit einem Deckel verschließen und sie im Kühlschrank aufheben.

Am allerbesten schmeckt sie, wenn noch **ein paar Erdbeeren oder Himbeeren** auf die oberste Schicht kommen. Findet CHEYENNE jedenfalls. Und ich auch.

reicht für 4 Personen und
hat nur 30 Minuten gedauert

Opa schimpft immer, weil im Sommer zu viel Obst an den Bäumen hängt – und im Winter gar keins. Mann, Opa! Und **dann isst du Oma** auch noch das ganze leckere **Kompott weg!**

Kompott wie von Oma

Damit bekommst du **5 Personen** satt und es dauert nur **40 Minuten** in der Küche.

Das braucht ihr dafür

Küchenwaage,
Küchenmesser,
Schneidbrett,
Apfelausstecher
(nur wer einen hat),
1 Kochtopf mit Deckel,
1 Zitronenpresse,
1 Schraubglas (etwa 1 l),
1 Kelle zum Einfüllen

Zutaten

1 kg Äpfel
(die besten wachsen bei Oma und Opa im Garten)
1–2 EL Zucker
1 Zimtstange
1/2 Zitrone

Wiegt alle Zutaten ab und stellt sie bereit. Wascht die Äpfel, schält und viertelt sie und schneidet das Kerngehäuse raus **(außer ihr habt einen Apfelausstecher. Damit geht's nämlich noch viel leichter).**
Dann schneidet ihr die **Äpfel in Stücke.** Zum Kochen des Kompotts gebt ihr die Apfelstücke, den Zucker, die Zimtstange und den Saft der Zitrone sowie ein kleines Glas Wasser (etwa 150 ml) in einen großen Topf.

Schaltet den Herd auf mittlere Stufe und **erhitzt die Äpfel langsam.** Dabei immer wieder umrühren! **DAS GANZE DANN 10 MINUTEN KÖCHELN LASSEN** und schon habt ihr voll das leckere Kompott.

Den Topf zur Seite stellen und alles abkühlen lassen. Danach könnt ihr das Kompott in ein **sauberes Schraubglas** füllen und im Kühlschrank aufbewahren.

Es ist gekühlt **UNGEFÄHR 1 WOCHE HALTBAR** und schmeckt total lecker zu Joghurt, Quark, Milchreis (mein Lieblingsrezept steht auf Seite 22), Grießbrei (kann ich auch, schaut mal auf Seite 24) oder einfach pur.

Wenn ihr es für unterwegs einpacken wollt, könnt ihr zum Beispiel ein Schraubglas halb voll **MIT MILCHREIS** füllen und dann so viel Kompott obendrauf geben, wie ins Glas passt.

... probiert es auch mal mit anderen Früchten!

Denn mit Kirschen, Zwetschgen, Mirabellen geht das übrigens genauso. Ich wasche die Früchte, dann werden sie halbiert und die Kerne entfernt. Oma hat einen Kirschentkerner, damit geht das voll schnell. Dann mit dem Zucker, Zitronensaft, wer mag auch Zimt und einem Schuss Wasser kochen.

Milchreis mit Erdbeeren

Mein **Spezial-Milchreis** dauert ungefähr eine Stunde und man muss ziemlich viel rühren …
aber dafür schmeckt er SUPERGUT!
Außerdem kann CHEYENNE mitessen, weil **genug für sechs** Leute da ist.

Wiegt alle Zutaten ab und stellt sie bereit. Gießt die Milch in einen Topf und bringt sie auf höchster Stufe zum Kochen. **Unbedingt daneben stehen bleiben,** damit die Milch nicht überkocht.

Das braucht ihr dafür
Küchenwaage,
1 Kochtopf mit Deckel,
1 Rührlöffel,
1 Küchensieb,
1 Schüssel,
1 kleines Küchenmesser,
5–6 saubere Schraubgläser (250 ml)

Das gibt sonst voll die Schweinerei! Sobald die Milch kocht, den Topf kurz von der Herdplatte ziehen, den Reis, das Salz und den Zucker zugeben und unterrühren.

Nun den Herd auf niedrige Stufe und den Topf wieder auf die heiße Herdplatte stellen und den Reis abgedeckt etwa **45–50 Minuten** garen lassen. Dabei immer wieder umrühren.

Kurz vor Ende der Garzeit könnt ihr noch einen Schuss Milch dazugeben. Aber nur, wenn der Reis zu dick ist.

Zutaten
1 l Milch
250 g Milchreis
1 Prise Salz
1–2 EL Vanillezucker
500 g Erdbeeren

Die Erdbeeren im Küchensieb kurz abspülen und abtropfen lassen. Jetzt dreht ihr die grünen Blätter aus den Erdbeeren, **dafür könnt ihr auch ein kleines Küchenmesser verwenden.** Die Erdbeeren halbieren oder vierteln. Den fertigen Milchreis lasst ihr im Topf abkühlen. Anschließend füllt ihr ihn in die Gläser und verteilt die Erdbeeren drauf.

Ach, wisst ihr was, ich nehme die verschlossenen Gläser lieber für die Wilden Kaninchen mit ins Baumhaus.

Vanille-Grießbrei mit Äpfeln

BOAH. SO LECKER ... und so schnell! Und er reicht für vier. Vielleicht macht Paul ja die Mathe-Hausaufgaben für mich, wenn ich dafür heute den Grießbrei mit ins Baumhaus nehme ...

Wiegt alle Zutaten ab und stellt sie bereit. Als erstes wascht ihr die Äpfel, viertelt sie samt der Schale und schneidet das Kerngehäuse heraus. Jetzt müsst ihr die Apfelstücke würfeln. Die Äpfel kommen zusammen mit dem Vanillezucker, 1 EL Zucker und der Butter in den Topf.

Das braucht ihr dafür
Küchenwaage,
Schneidbrett,
1 kleines Küchenmesser,
1 Kochtopf,
4 saubere Schraubgläser (250 ml),
1 Rührlöffel

Zutaten
2 Äpfel
1 EL Vanillezucker
3 EL Zucker
1 TL Butter
500 ml Milch
200 g Weichweizengrieß

Darin schwitzt ihr die Apfelstücke auf dem Herd bei mittlerer Temperatur **3–4 Minuten** lang an. Ab und zu umrühren. Dann zieht ihr den Topf vom Herd und füllt die Äpfel in eine Schale um. Gießt nun die Milch in den Topf. **Dabei sollte Papa helfen ... oder auch Mama oder irgendein anderer Erwachsener.**

Anschließend stellt ihr den Topf wieder auf den Herd. Sobald die Milch kocht, rührt den Grieß und 2 EL Zucker ein und lasst ihn 2 Minuten lang bei mittlerer Temperatur kochen. Dabei ganz viel rühren! Zieht den Topf vom Herd und lasst den Brei abkühlen, danach könnt ihr ihn in die Gläser füllen. Jetzt noch die Äpfel darauf verteilen. Der Grießbrei hält 2–3 Tage im Kühlschrank.

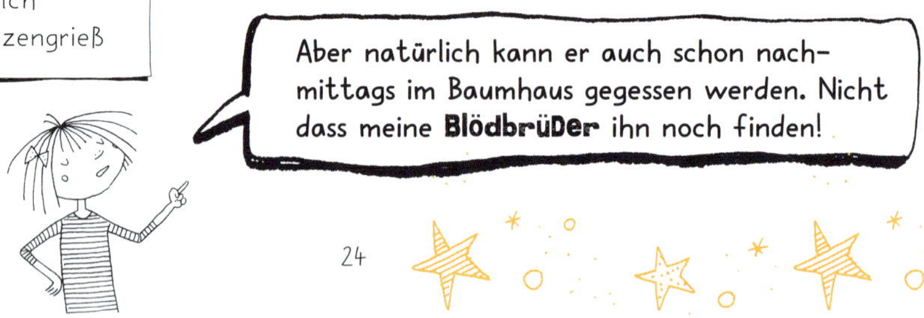

BUNTER SCHICHTSALAT

Wisst ihr, wohin wir im nächsten SOMMER verreisen? Nein? Ich auch noch nicht. Aber für eine lange Fahrt braucht man immer **gaaanz viel Proviant.** Zum Beispiel diesen **Schichtsalat**.

Hoffentlich helfen meine **Blödbrüder** beim Schnippeln. Aber egal, auch allein dauert es nur ungefähr eine halbe Stunde, bis die Gläser gefüllt sind.

Das braucht ihr dafür
Küchenwaage,
1 Schüssel,
1 Sieb, Schneidbrett,
1 kleines Küchenmesser,
4 saubere Schraubgläser (500 ml) und
1 Schraubglas (150 ml)

Zutaten
1 Dose Mais (Abtropfgewicht 120 g)
1 Salatgurke
1 Bund Radieschen
100 g Kirschtomaten
1 Romana-Salatherz
1 Packung Mini-Mozzarella (Abtropfgewicht 150 g)
100 g Joghurt
1 TL getrocknete Kräuter
2 EL Olivenöl
Salz
Zucker
1/2 Zitrone

Wiegt alle Zutaten ab und stellt sie bereit. Gießt den Mais in einem Sieb über einer Schüssel ab, **fangt den Saft auf** und bewahrt ihn auf.

Wascht die GURKE, die RADIESCHEN und die KIRSCHTOMATEN. Die GURKE zunächst in dicke Scheiben schneiden und vierteln. Putzt die Radieschen, schneidet die Blätter ab. Viertelt die Radieschen. Halbiert die Kirschtomaten. Die Blätter des Salats vom Strunk abzupfen, waschen und gut trockentupfen. Die Blätter in Streifen schneiden.

Und jetzt wird's hübsch: Ihr befüllt die 4 größeren Gläser mit dem Gemüse schichtweise, sodass es schön bunt aussieht. Den Salat als letzte Schicht obendrauf geben. Ganz oben verteilt ihr dann die abgetropften Mozzarella-Bällchen. Schraubt die Gläser zu und stellt sie in den Kühlschrank.

Für das Dressing braucht ihr das letzte, kleinere Glas. Befüllt es mit dem SAFT VOM MAIS, dem JOGHURT, den KRÄUTERN, dem OLIVENÖL, 2 PRISEN SALZ und ZUCKER und presst den SAFT DER ZITRONE dazu. Deckel drauf, zudrehen und ordentlich schütteln. Das Glas mit dem Dressing einfach mitnehmen und direkt vor dem Essen was davon auf die Salate geben. Danach die Gläser noch einmal zumachen und kräftig schütteln!

Hmmm! Ich freue mich jetzt schon auf die Fahrt in den Urlaub!

Lottas Tipp

Habt ihr noch einen Rest Reis, Nudeln, Kartoffeln oder Couscous von gestern übrig? Super, die passen nämlich auch gut in den Schichtsalat. Genauso wie klein geschnittene Würstchen oder Käsewürfel.

NUDELSALAT

Vielleicht besuche ich ja bald mal meine Cousinen in Australien. **ALSO: VIELLEICHT!**

Die **REISE** dahin ist **ECHT LANG** ... und ich weiß gar nicht, was es dort zu essen gibt. Doch wohl kein Kängurufleisch, oder ???
Ich muss unbedingt ganz viel von diesem Salat mitnehmen. Für den **NOTFALL** ...

Im Schichten bin **ich** ja inzwischen **PROFI**, deshalb brauche für 4 Portionen **nur 30 Minuten** !

Das braucht ihr dafür
Küchenwaage,
Sieb,
1 Schüssel,
4 saubere Schraubgläser,
1 Rührlöffel,
1 Kochtopf,
1 kleines Küchenmesser

Zutaten
Salz
200 g Farfalle
2 Gewürzgurken
1 gelbe Paprika
150 g Kirschtomaten
2 EL Tiefkühl-Kräuter
2 EL Essig
3 EL Olivenöl
frisch gemahlener Pfeffer

Wiegt alle Zutaten ab und stellt sie bereit. Dann holt ihr einen Erwachsenen dazu.

Mama, kommst du eben mal?

Stellt gemeinsam einen Topf mit 500 ml Wasser auf den Herd. Kocht es auf, gebt 2 TL Salz hinzu und gart die Nudeln darin so lange, wie es auf der Packung steht. Anschließend gießt ihr sie durch ein Sieb und lasst kurz kaltes Wasser darüber laufen.

Anschließend füllt ihr die Nudeln in eine Schüssel. Würfelt die Gewürzgurken, wascht die Paprika und die Tomaten, schneidet das Gemüse klein und gebt alles dazu. Gebt die Kräuter, den Essig, das Olivenöl, etwas Salz und Pfeffer dazu und vermengt alle Zutaten miteinander. Und dann könnt ihr den Salat in die Gläser füllen, zuschrauben und entweder mit nach Australien nehmen oder bis zum nächsten Tag im Kühlschrank aufbewahren.
Wie, wir fliegen doch NICHT nach Australien? Menno. Aber der Salat ist auch zu Hause voll lecker.

Konfetti-Salat

Da hört man schon am Namen, **wie cool der Salat ist, oder?** Cool und bunt! Ich glaub, den nehme ich mit in den Zoo.

Der Salat reicht für 4 Freunde,
das Ganze hat nur 30 Minuten gedauert.

Das braucht ihr dafür
Küchenwaage,
1 Kochtopf,
Schneidbrett,
1 kleines Küchenmesser,
Sieb,
Küchenschere,
Schüssel
4 saubere Schraubgläser (300 ml)

Zutaten
150 g Basmatireis
Salz
1 Paprika-Mix (rote, gelbe und grüne Paprika)
50 g schwarze Oliven (könnt ihr natürlich auch weglassen)
1 kleine Dose Mais
1 Bund Schnittlauch
3 EL Olivenöl
Zucker
1/2 Zitrone

Wiegt alle Zutaten ab und stellt sie bereit. Den Reis mit 1 Prise Salz und 175 ml Wasser in einen Topf geben.

Mama oder Papa helfen dabei, ihn auf dem Herd aufzukochen.

Anschließend auf niedrige Stufe zurückschalten und den Reis **10 Minuten leise köcheln lassen.** Den Topf vom Herd ziehen und abgedeckt für 10 Minuten quellen lassen. Die Paprika waschen, halbieren und **diese kleinen, weißen Dinger rauspulen.**

Die **Schoten** in möglichst kleine Würfel schneiden, **damit es aussieht wie Konfetti** (aber nicht rund, das dauert zu lange). Die Oliven klein hacken. Den Mais in einem Sieb abtropfen lassen. Den Schnittlauch waschen, trockentupfen und mit einer Küchenschere in kleine Röllchen schneiden. Den Reis zum Abkühlen in eine Schüssel füllen. Anschließend gebt ihr das Konfetti-Gemüse, die Oliven, den Mais, den Schnittlauch, das Olivenöl, 2 Prisen Salz und Zucker dazu. Presst den Saft der Zitrone zum Reis und **vermengt alles gründlich.**

Wenn ihr mit eurer allerbesten CHEYENNE in den Zoo wollt, füllt den Salat in Gläser mit Deckel und nehmt ihn mit. Ansonsten einfach in den Kühlschrank stellen.

Am nächsten Tag schmeckt er nämlich immer noch cool und bunt.

Zucker
Mehl
MILCH
Zimt

Boah, lecker!
Von der Hand
in den Mund
DiE WiLDEN KANiNCHEN
WK

Lottas Sandwich-Party

Wisst ihr, was für mich das leckerste UND schnellste Brot der Welt ist? Gegrilltes Sandwich aus dem Kontakt-Grill! Das ist dieses riffelige Klapp-Heizding – mit Abstand eins der besten Geräte, die Mama bei diesem Shopping-Kanal im Fernsehen gekauft hat. Weil man damit nämlich die besten und unterschiedlichsten Sandwiches machen kann. **Echt! Und euch verrate ich sogar, wie meine Lieblings-Sandwiches gehen.**

Was ihr braucht? Natürlich den Sandwichgrill, ein Schneidbrett, ein Messer zum Bestreichen und eine Käsereibe, außer ihr nehmt Käse in Scheiben. Aber egal wie – Käse muss einfach sein! (Nein, ***Rémi***, kein Stinke-Camembert!) Dann noch eine Salatschleuder zum Salatschleudern – und das war´s. Übrigens: Die Blauschimmelkäse-Sandwiches sind wirklich für ***Rémi*** gedacht. Und Papa mag die bestimmt auch.

Es gibt übrigens zwei verschiedene Arten von Grills, die sich gut eignen. Die einen machen so platte Ecken **(Sandwichgrill)** und die anderen schöne Grillstreifen **(Kontaktgrill)**. Beide sind total klasse. Bei den Sandwiches mit den platten Ecken müsst ihr vor dem ersten Reinbeißen allerdings immer ein bisschen warten, weil die voll heiß von innen sind.

Und so geht es: Zwei Brotscheiben, zum Beispiel Sandwichtoast oder auch andere Brote, die euch schmecken, erst mit einem Aufstrich bestreichen, dann belegen, zusammenklappen und grillen. In 2–3 Minuten ist alles knusprig, warm und voll lecker. Bei den ersten Versuchen fragt ihr noch einen Erwachsenen, ob er euch hilft, aber bald geht das wie von alleine, großes Blockflötenehrenwort! Heizt den Kontaktgrill immer vor und legt die Sandwiches immer in das heiße Gerät. Ob er heiß und bereit ist, sieht man meistens an einem grünen Lämpchen, das dann aufleuchtet.

Meine liebsten Lieblings-Sandwiches
(die Rezepte reichen immer für zwei Stück)

Tomate-Mozzarella-Rucola

Das braucht ihr dafür: 1 große Tomate, 1/2 Kugel Mozzarella oder 6–8 Mini-Mozzarella, 1 kleine Handvoll Rucola, 4 Sandwichtoastscheiben, 2 EL Frischkäse

1 große Tomate waschen, halbieren, den grünen Blütenansatz herausschneiden und die Hälften in Scheiben schneiden. 1/2 Kugel Mozzarella oder 6–8 Minimozzarella gut abtropfen lassen, in Scheiben schneiden. 1 kleine Handvoll Rucola waschen und gründlich trockentupfen. Nun vier Toastscheiben mit 2 EL Frischkäse bestreichen. Auf zwei der bestrichenen Brotscheiben legt ihr Tomate, Mozzarella und Rucola und mit den übrigen zwei Scheiben klappt ihr das Ganze zusammen. Diagonal in Ecken schneiden. Im Sandwichgrill knusprig backen Und das Wichtigste: essen! Boah, icht dach heich …

Schinken-Käse

Das braucht ihr dafür: 1 große Tomate, 4 Sandwichtoastscheiben, 2 EL Frischkäse, 4 Scheiben Kochschinken, 2 Scheiben Käse, 4 Basilikumblätter

1 große Tomate waschen, halbieren, den grünen Blütenansatz herausschneiden und die Hälften in Scheiben schneiden. Nun 4 Toastscheiben mit 2 EL Frischkäse bestreichen, zwei Brotscheiben mit je zwei Scheiben Schinken und einer Scheibe Käse belegen, die Tomatenscheiben und 4 Basilikumblätter darauf verteilen und mit den unbelegten Scheiben zusammenklappen. Im Sandwichgrill knusprig backen und in Ecken schneiden.
Uuund: Guten Appetit!

Pilze-Blauschimmelkäse-Babyspinat

Das braucht ihr dafür: 250 g Champignons, 2 TL Olivenöl, Salz, Pfeffer, 1/2 TL getrockneter Thymian, 1 große Handvoll Babyspinat, 1 Ecke Blauschimmelkäse (etwa 70 g), 4 Sandwichtoastscheiben

Putzt 250 g Champignons mit einer Pilzbürste, ihr könnt sie auch mit einem Küchentuch abreiben. Dann die Pilze in Scheiben schneiden und in einer Pfanne in 2 TL heißem Olivenöl anbraten. Holt euch zum Braten einen Erwachsenen dazu. Würzt die Pilze mit etwas Salz, Pfeffer und 1/2 TL getrocknetem Thymian. Nach 2–3 Minuten füllt ihr sie in eine Schale um und lasst sie etwas abkühlen. Jetzt noch eine große Handvoll Spinat waschen und wieder gut trockentupfen oder in der Salatschleuder trockenschleudern. Anschließend eine Ecke Blauschimmelkäse (etwa 70 g) auf den vier Toastscheiben verstreichen. Wenn er schön „reif" ist, läuft er von allein ;-), sonst schneidet oder zupft ihr ihn in Stücke und verteilt ihn gleichmäßig auf den Broten. Zum Schluss Pilze und Spinat auf zwei Brotscheiben verteilen, die übrigen beiden Scheiben drauflegen und gut andrücken. Im Sandwichgrill knusprig backen und in Ecken schneiden. Bitte, ***Rémi***. Das ist für dich.

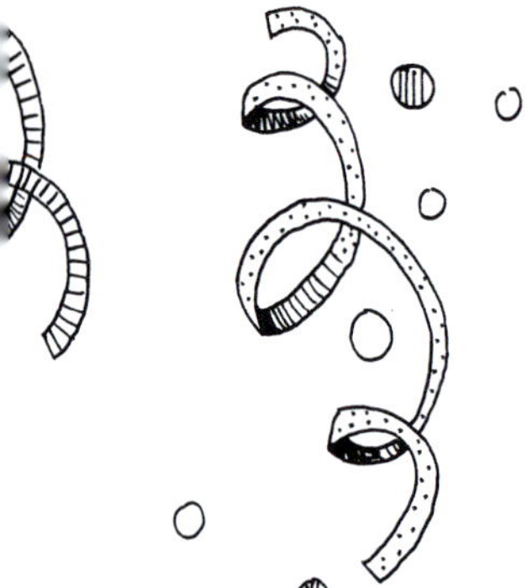

Birne-Blauschimmelkäse

Das braucht ihr dafür: 1 saftige, reife Birne (oder zwei Hälften aus einer Konservendose), 4 Scheiben Sandwichtoast, 2 EL Frischkäse, 4 Scheiben Parmaschinken, 100 g Blauschimmelkäse (zum Beispiel Gorgonzola)

Eine saftige Birne waschen, halbieren, das Kerngehäuse herausschneiden und die Birnenhälften schälen. Nun schneidet ihr die Hälften in gleichmäßig dicke Scheiben, etwa 1/2 cm breit sollten sie sein. Bestreicht vier Sandwichtoastscheiben mit 2 EL Frischkäse, belegt zwei Scheiben davon mit den Birnen, insgesamt 4 Scheiben Parmaschinken und zupft den Blauschimmelkäse (zum Beispiel Gorgonzola, etwa 100 g) darüber. Nun mit den übrigen beiden Toastscheiben abdecken, knusprig grillen ... und guten Appetit, ***Rémi***!

Grillgemüse-Scamorza-Basilikum

Das braucht ihr dafür: 1 Aubergine, 2 Paprika (1 gelbe und 1 rote), Salz, 3–4 EL Olivenöl, Pfeffer, 4 Sandwichtoastscheiben, 2 EL Tomatenmark, 1/2 TL getrockneter Thymian, 1 Scamorza (geräucherter Mozzarella), 4 Blätter Basilikum

Wascht eine Aubergine und zwei Paprikaschoten. Schneidet die Aubergine in 1 cm dicke Scheiben und salzt sie von beiden Seiten. Jetzt dürfen die Scheiben 10 Minuten stehen bleiben. Inzwischen schneidet ihr die Paprika in Viertel, entfernt die weißen Samen und die Trennwände im Inneren. Die Paprikahälften schneidet ihr in schmale, etwa 1 cm breite Streifen und bratet sie in einer Pfanne in 1 EL Olivenöl kräftig an. Am besten mit einem Erwachsenen zusammen, da die Paprika beim Braten sehr spritzt. Würzt die Paprika mit Salz und Pfeffer. Wenn sie schön weich und braun gebraten sind, aus der Pfanne nehmen, in eine Schale legen und abgedeckt stehen lassen. Jetzt tupft ihr die Auberginenscheiben trocken, beträufelt sie mit etwa 3 EL Olivenöl und bratet die Scheiben genauso an. Also schön braun und bis die Auberginen weich sind. Dann zur Paprika in die Schale legen. Bestreicht vier Toastscheiben mit dem Tomatenmark, streut Thymian darüber und verteilt einen Teil des Gemüses auf zwei Toastscheiben. **(Lottas Spezial-Tipp: Hier bleibt auf jeden Fall genug Gemüse übrig, sodass ihr mehr als zwei Sandwiches grillen könnt).** Jetzt nur noch etwa 80 Gramm Scamorza in Scheiben schneiden und auf dem Gemüse verteilen. Wenn ihr Basilikumblätter habt, könnt ihr 4 davon auf den beiden Sandwiches verteilen. Mit den übrigen beiden Toastscheiben abdecken. Grillen und ... nein, Papa, die hab ich für CHEYENNE und mich gemacht!

Babyspinat-Tomate-Feta-getrockneter Oregano

Das braucht ihr dafür: 1 große Handvoll Babyspinat, 1 große Tomate, 4 Sandwichtoastscheiben, 2 EL Kräuterfrischkäse, 1 TL getrockneter Oregano, etwa 75 g Feta

Wascht eine große Handvoll Babyspinat und tupft ihn gründlich trocken – das geht natürlich auch in der Salatschleuder. Eine große Tomate halbiert ihr, schneidet zuerst den Blütenansatz heraus und dann die Hälften in Scheiben. Bestreicht vier Sandwichtoastscheiben mit 2 EL Kräuterfrischkäse. Verteilt die Tomatenscheiben darauf und bestreut sie mit 1/2 TL Oregano. Nun nur noch 75 g Feta darüber bröckeln, Spinat darauf verteilen und zusammenklappen. Im Sandwichgrill knusprig backen und anschließend gut aufpassen, dass kein hungriger Blödbruder in der Nähe ist.

Banane-Erdnussbutter-Zimt

Das braucht ihr dafür: 4 Scheiben Sandwichtoast, 2–3 EL Erdnussbutter, 1 Banane, 1/2 TL Zimtpulver

Bestreicht vier Sandwichtoastscheiben mit 2–3 EL Erdnussbutter. Schält eine Banane, schneidet sie in Scheiben, legt sie auf zwei der vier Scheiben. Bestreut das Ganze mit etwas Zimtpulver und klappt die Sandwiches zusammen. Jetzt toasten. Boah, LECKER!!!

Banane-Zartbitterschoki

Das braucht ihr dafür: 1 Banane, 4 Scheiben Sandwichtoast, 8 (oder auch mehr, findet Cheyenne!) Stücke Zartbitterschokolade

Schält eine Banane und schneidet sie in Scheiben. Belegt zwei Sandwichtoastscheiben mit Banane und verteilt 4 Stücke Zartbitterschoki darauf. Zusammenklappen, toasten und ganz schnell essen, CHEYENNE, bevor Jakob und Simon davon was mitkriegen.

Lagerfeuer-Sandwich

GEGRILLTE BROTE AUS DEM GRILLKORB

Zu meinem Geburtstag will ich unbedingt wieder ein ***Lagerfeuer*** machen! Das ist sooo gemütlich! Und ***diese Grillbrote*** sind voll lecker und gehen echt schnell. Aber ich muss mehr davon machen, viel mehr ... vier Brote reichen nie im Leben!

Reicht für 2 Personen und dauert 20 Minuten

Das braucht ihr dafür

1 Schneidbrett,
1 Messer,
Grillkorb und Lagerfeuer
(oder Backofengitter)

Zutaten

8 Scheiben eures Lieblingsbrotes
4–5 EL Kräuterfrischkäse
8 Scheiben Kochschinken
4 Scheiben Schnittkäse

Stellt alle Zutaten bereit. Bestreicht die Brote mit dem Frischkäse und belegt vier davon mit Schinken und Käse. Deckt sie mit den übrigen vier Brotscheiben ab.

Jetzt kommen die Brote in den Grillkorb (ihr wisst schon, so ein flaches Drahtgeflecht, in dem Papa sonst seine Burger oder die Forellen grillt) und werden über der Glut knusprig gebraten.

(Ach ja: Ohne Grillkorb geht es natürlich auch, einfach den Kontaktgrill oder eine Grillpfanne verwenden.)

Papa findet Lagerfeuer auch toll, deshalb muss er beim Grillen helfen. So ein Feuer ist nämlich furchtbar heiß. Die Brote dann direkt aus dem Grillkorb auf Teller legen (Papa!) und sofort .... au, die chind ja noch cho heich ... aber, mmmh, lecker!

Und wenn es **regnet**, heizt ihr einfach den Backofen auf 220 °C Ober-/Unterhitze vor und backt die Brote auf dem Backofengitter 5–6 Minuten.

Natürlich könnt ihr auch einen anderen Belag aussuchen ... alles, was ihr mögt: euren Lieblingsaufschnitt, Gemüse, Salat, Gewürze, Kräuter, Ei ... und was euch sonst noch so einfällt. Nein, CHEYENNE, keine Schokolade. Die schmilzt doch und läuft weg!

BAUMHAUS-SANDWICH

Wer baut den höchsten? Und wer schafft es, nicht das ganze Baumhaus vollzukleckern? Also, ich jedenfalls nicht ... und CHEYENNE auch nicht.

Nicht rummeckern, Paul.
Sandwich geht einfach nicht anders.

Reicht für uns vier und ich habe dafür 30 Minuten gebraucht (ohne Küche aufräumen). ***Menno.***

Das braucht ihr dafür

1 kleiner Topf mit Deckel, 1 Schüssel, 1 Schneebesen, 1 Salatschleuder oder 1 Küchentuch, 1 kleines Küchenmesser, ein paar Holzspieße, Butterbrotpapier

Zutaten

4 Eier
100 g Frischkäse
100 g Sauerrahm
1 EL Tomatenmark
1/2 TL getrockneter Oregano
Salz
frisch gemahlener Pfeffer
8 Salatblätter (Eisbergsalat ist perfekt)
2 Tomaten
1/2 Salatgurke
12 Scheiben Vollkornsandwichtoast
4 Scheiben Schnittkäse
4 Scheiben Kochschinken oder 8 Scheiben Salami

Stellt alle Zutaten bereit. Gebt die Eier in einen kleinen Topf, bedeckt sie knapp mit Wasser und stellt den Topf mit Deckel auf den Herd. Danach schaltet ihr ihn auf höchste Stufe ein (also den Herd, nicht den Topf).

Sobald das Wasser kocht, könnt ihr auf mittlere Stufe zurückschalten und **die Eier 8 Minuten kochen lassen.** Anschließend gießt Pauls Mutter sie ab und erschrickt sie mit kaltem Wasser. Buh! Dann stellt ihr die Eier erst mal beiseite, sie sind nämlich noch voll heiß.

Für die Sandwichcreme verrührt ihr mit dem Schneebesen in einer kleinen Schüssel den **Frischkäse** mit dem **Sauerrahm,** dem **Tomatenmark,** dem **Oregano, 2 Prisen Salz** und **Pfeffer.** Wascht den Salat und tupft ihn auf einem sauberen Küchentuch trocken. Mit der Salatschleuder geht's natürlich auch!

Wascht die Tomaten und die Gurke, schneidet aus der Tomate den Blütenansatz raus und schneidet beides, also Tomate und Gurke, in Scheiben. Jetzt dürft ihr endlich die Eier pellen und auch in Scheiben schneiden.

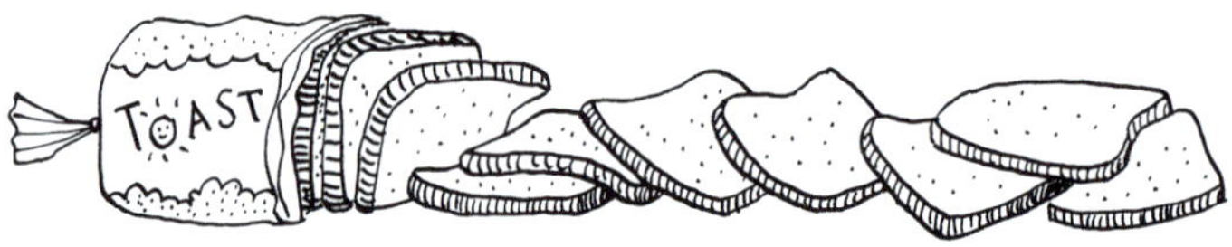

... hier gehts weiter

JETZT WIRD BELEGT:

Bestreicht nun die ersten vier Toastscheiben mit einem Klecks Sandwichcreme **(nicht zu viel, CHEYENNE! Sie muss für alle 12 Scheiben reichen)**. Legt auf jede Scheibe ein Salatblatt, eine Scheibe Käse und Tomatenscheiben drauf. Dann kommt wieder eine mit Sandwichcreme bestrichene Toastscheibe. Und danach ein **Salatblatt**, **Schinken (oder Salami)**, **Gurkenscheiben** und **Eierscheiben.**

Oh, oh – so langsam wird es etwas wackelig ... Aber ihr müsst noch die letzten Toastscheiben mit der Creme bestreichen, um damit jeden Sandwichstapel abzudecken. Damit das Ganze zumindest ein bisschen hält, könnt ihr **Spieße von oben durchstecken.** Und die Sandwiches dann in Butterbrotpapier einwickeln, damit ihr es heil bis ins Baumhaus schafft ...

Okay, CHEYENNE isst ihr Sandwich schon **bei Paul** in der Küche auf. So geht's natürlich auch.

Käseschnecken

Ich glaub, fast jeder mag Käse. Also, wenn es der richtige ist.

Nein, Rémi, kein Stinke-Camembert! Aber diese Käseschnecken, hmmm ... ***Ey, Papa! Finger weg!***

Das braucht ihr dafür

1 Küchenwaage,
1 Rührschüssel,
Handmixer mit Knethaken
1 Rollholz,
1 Stück Nähgarn,
1 Backblech mit Backpapier,
Schneidbrett
Messer

Zutaten für den Teig

350 g Weizenmehl Type 405
2 TL Backpulver
Salz
150 g geriebener Käse
150 g Magerquark
100 ml Milch
125 ml Speiseöl
1 Bund Petersilie
400 g Frischkäse

Ich habe **6 HUNGRIGE FREUNDE** satt bekommen. Die Schnecken waren superschnell in **30 MINUTEN FERTIG** und haben **25 MINUTEN IM OFEN** gebacken.

Wiegt alle Zutaten ab und stellt sie bereit. Verrührt das **MEHL** mit dem **BACKPULVER**, **1 TL SALZ** und der Hälfte des **KÄSES**. Nun den **QUARK**, die **MILCH** und das **ÖL** zugeben und mit dem Knethaken des Handmixers zu einem glatten Teig verkneten.

Papa, hör auf zu naschen und hilf mir lieber mit dem Backofen. **Der muss nämlich auf 180 °C Ober-/Unterhitze vorgeheizt werden.**

Wascht die Petersilie, zupft die Blätter ab und schneidet sie sehr klein. Jetzt bestreut ihr die Arbeitsfläche mit etwas Mehl und rollt den Teig darauf einen halben Zentimeter dick aus. Bestreicht ihn mit dem Frischkäse, streut Petersilie drüber und rollt den ganzen Teig auf. Ritzt die Teigrolle etwa alle 2 cm ein bisschen ein, um die einzelnen Stücke zu markieren. **Legt nun das Nähgarn an der ersten markierten Stelle um den Teig und zieht beide Fadenenden durch den Teig.** Ha! Die erste Rolle! Setzt die Rollen auf das Backblech und bestreuselt sie mit dem übrigen Käse.

Nun backt ihr die Schnecken im vorgeheizten Backofen 25 Minuten **(Papa? Hilfst du eben noch mal?).**

Die Schnecken schmecken frisch aus dem Ofen am besten. Mann, Papa! Die sind aber nicht alle für dich!

WÜRSTCHEN IM SCHLAFROCK

Übernachtungsfeier bei Berenike?

Oh nee ...

da stehen dann bestimmt wieder **Würmer mit Kaviar** auf dem Buffet rum. Dabei gibt es auf einer Pyjamaparty doch nichts Besseres als Würstchen im Schlafrock, hihi.

Der Teig reicht aus, um **12 Würstchen im Schlafrock** zu formen. Dafür habe ich 20 Minuten gebraucht und sie haben 20 Minuten im Ofen gebacken.

Das braucht ihr dafür
1 Rührschüssel,
1 Küchenwaage,
1 Rollholz,
1 Küchenmesser oder
1 Pizzarad
1 Backblech mit
Backpapier

Zutaten
1 Rolle Blätterteig,
aus dem Kühlregal
12 Würstchen
aus dem Glas
1 Eigelb
2 EL Milch
2–3 EL geriebener Käse
2–3 EL Röstzwiebeln
Ketchup zum Servieren

Stellt alle Zutaten bereit und legt ein Backblech mit Backpapier aus. Wenn Berenikes Mutter für sowas keine Köchin hat, kann sie anschließend den **Backofen auf 180 °C Ober-/Unterhitze vorheizen.**

Rollt den Blätterteig auf der Arbeitsfläche aus und schneidet ihn in 12 gleichmäßige Streifen.

Bei uns macht CHEYENNE das ganz schnell mit einem Pizzarad.

Jetzt wird jedes Würstchen in einen Teigstreifen eingewickelt (wenn man mag, kann man vorher auch noch geriebenen Käse oder Röstzwiebeln über die Würstchen streuseln. Also, CHEYENNE mag). Legt die eingewickelten Würstchen weit genug auseinander auf das Backblech.

Nun verquirlt ihr das Eigelb mit der Milch und bestreicht den Teig damit, und ab damit in den Backofen. Die Würstchen werden 20 Minuten gebacken.

Und dann kann Berenike ihre Austern in fischiger Algenbutter alleine essen! Ha!

PIZZA-SPIESSE

Pizzaaa! Es gibt nichts Besseres als Pizza! Und man kann sie sogar als Spieß machen. Toll, oder?

Oh Mann, zum Essen müsst ihr die Holzspieße natürlich wieder rausziehen, **Blödbrüder**!

Zwar braucht man ein bisschen Zeit, um den Teig 45 Minuten aufgehen zu lassen, aber dafür wird er superfluffig!

Ich habe 20 Spieße geformt und konnte sie nach 30 Minuten in den Ofen schieben.

Das braucht ihr dafür

1 Rührschüssel,
1 Küchenwaage,
1 Rollholz,
1 Handmixer mit Knethaken,
Pizzarad oder Messer,
1 Backblech mit Backpapier,
20 dickere Holzspieße (etwa 25–30 cm)

Zutaten

300 g Weizenmehl Type 405 plus mehr zum Bearbeiten
1 Päckchen Trockenhefe
Salz
2 EL Olivenöl
100 g Tomatenmark
1 TL Zucker
1 TL getrockneter Oregano
100 g geriebener Käse

Wiegt alle Zutaten ab und stellt sie bereit. Gebt das Mehl mit der Trockenhefe und 1 TL Salz in eine Schüssel und mischt alles. Messt 160 ml Wasser ab, gebt das Olivenöl dazu und gießt die Flüssigkeit zum Mehl. Nun verknetet ihr alles mit den Händen oder mit dem Knethaken des Handmixers **mindestens 3 Minuten lang zu einem glatten Teig.** Deckt ihn mit einem Tuch oder Deckel ab und lasst ihn in der warmen Küche 45 Minuten gehen.

Nun ist der Pizzabelag dran. Mischt dafür das Tomatenmark mit 1 TL Salz, dem Zucker, dem Oregano, dem Käse und 200 ml Wasser. Falls ihr Lust auf weitere Zutaten habt, könnt ihr zusätzlich gewürfelten Schinken, Salami, abgetropfte Maiskörner, gewürfelte Pilze oder Paprika in die Soße geben.

Nach den 45 Minuten Gehzeit legt ihr den Pizzateig auf die mit etwas Mehl bestreute Arbeitsfläche. Den Teig einmal kurz zusammenkneten und 0,5 cm dick zu einem Rechteck ausrollen. Die Tomatencreme darauf verstreichen und den Teig mit einem Pizzarad in 20 Streifen schneiden.

Jetzt könnt ihr den Backofen auf 180 °C Ober-/Unterhitze vorheizen und ein Backblech mit Backpapier bereitstellen. Wickelt die Teigstreifen um die Holzspieße, sodass unten etwa 5 cm frei bleiben – zum Anfassen natürlich. Die Spieße auf dem Backblech verteilen und noch 10 Minuten gehen lassen. Wenn der Backofen vorgeheizt ist, hilft Mama euch bestimmt dabei, das Blech in den Ofen zu schieben. Dann müssen die Spieße nur noch 20 Minuten backen.

Wer mag, nimmt zusätzlich Schinken, Salami, Maiskörner, Pilze, Paprikawürfel, ...
Na guuut, ihr kriegt auch jeder einen, Jakob und Simon. Ja, klar sind die jetzt noch total heiß, ihr Heulflederbaby-mäuse.

WÜRZIGE KARTOFFELNUGGETS

CHEYENNE **sagt,** diese Nuggets sind noch tausendmal besser als alle Pommes dieser Welt. Und sie muss es ja wissen. Deshalb darf sie heute auch mitessen. Und vorher mitkochen.

Von den Nuggets bekomme ich vier hungrige Leute satt, für die ich 45 Minuten in der Küche gestanden hab.

Das braucht ihr dafür
Küchenwaage, 1 Schüssel, 1 Küchenreibe, 1 Rührlöffel, 3 Schalen zum Panieren, 1 Bratpfanne, 1 Sieb

Zutaten

Für den Dip

250 g Magerquark
250 g Joghurt
2 EL Olivenöl
Salz
1/2 Zitrone
4 Stängel frischer Dill
(1 EL Tiefkühl-Kräuter)

Für die Nuggets

1 kg gekochte Kartoffeln, vom Vortag
4 Eier
3–4 EL Speisestärke
2 TL Paprikapulver edelsüß
1 TL getrocknete Kräuter (was ihr mögt)
1/2 TL Knoblauchpulver
Salz
frisch gemahlener Pfeffer
3 EL Weizenmehl Type 405 plus mehr zum Bearbeiten
120 g Semmelbrösel
3 EL Milch
400 ml Speiseöl

Wiegt alle Zutaten ab und stellt sie bereit. Für den Dip den **Quark** mit dem **Joghurt**, dem **Olivenöl** und **2 Prisen Salz** in eine Schüssel geben. Presst den **Saft der Zitrone** dazu. Dann wascht ihr den **Dill**, tupft ihn etwas trocken und schneidet ihn klein. Gebt ihn zum Quark und verrührt alle Zutaten gründlich. Deckt den Dip ab und stellt ihn in den Kühlschrank.

Für die Nuggets schält zuerst die Kartoffeln und reibt sie auf der groben Seite der Küchenreibe. Gebt zwei Eier, die Speisestärke, das Paprikapulver, die Kräuter, den Knoblauch, 1,5 TL Salz und etwas Pfeffer dazu und vermengt die Zutaten mit einem Holzlöffel. Legt den Teig auf die gut bemehlte Arbeitsfläche, teilt ihn in vier Teile und formt 2 cm dicke Rollen daraus.

Nun schneidet ihr die Rollen in 4 cm lange Stücke und formt sie zu Nuggets. Zum Panieren braucht ihr drei Schalen. In die erste füllt ihr Mehl, in der zweiten verquirlt ihr die übrigen 2 Eier mit der Milch, in die dritte füllt ihr die Semmelbrösel. Danach wendet ihr die Kartoffelstücke erst im Mehl, dann in den verquirlten Eiern und zuletzt in den Semmelbröseln. Dabei hilft mir zum Glück CHEYENNE. Wenn ich das alleine mache, sind meine Finger nämlich anschließend auch paniert.

Danach braucht ihr dringend einen Erwachsenen!
Stellt eine tiefe Pfanne auf den Herd, füllt das Öl ein und erhitzt es auf etwa 160 °C.

Ob das Öl heiß genug ist, prüft ihr am besten mit einem Probenugget. Legt es ins heiße Öl und **wenn es sofort zu brutzeln anfängt, ist das Öl heiß genug.** Wenn nicht, nehmt das Nugget wieder raus und probiert es ein bisschen später noch mal. Und dann bratet ihr die Nuggets portionsweise braun und knusprig, bevor ihr sie in einem Sieb abtropfen lasst und zusammen mit dem Dip serviert.

Oje, CHEYENNE ist echt hungrig. **Ich glaub nicht, dass noch Nuggets da sind, wenn Papa später nach Hause kommt.**

Pfannkuchenröllchen mit Tomatencreme

Hmmm, Pfannkuchen!

Die Röllchen reichen für 6 dämliche **LÄMMER-GIRLS** – oder für CHEYENNE und mich.

Wisst ihr eigentlich, dass man die auch nicht-süß essen kann? So als richtiges Essen? Bloß in noch Leckerer?

Ich hab dafür 40 MINUTEN gebraucht, das geht voll schnell.

Zutaten

Für den Teig

200 g Weizenmehl Type 405
1/2 TL Backpulver
TL Salz
2 Eier
400 ml Milch
Speiseöl zum Braten

Für den Aufstrich

4 getrocknete Tomaten in Öl eingelegt
400 g Frischkäse
4 EL Tomatenmark
Salz
frisch gemahlener Pfeffer
1 Prise Zucker
1 TL getrocknete Kräuter (was ihr am liebsten mögt)
30 g Parmesan, frisch gerieben

Außerdem

1 Romana-Salatherz, geputzt und gewaschen

Wiegt alle Zutaten ab und stellt sie bereit. Für den Pfannkuchenteig verrührt ihr in einer Schüssel das **Mehl** mit dem **Backpulver**, dem **Salz**, den **Eiern**, der **Milch** und **1 EL Speiseöl**. Lasst den Teig abgedeckt **15 Minuten ruhen**. In der Zwischenzeit bereitet ihr den Aufstrich zu. Schneidet die getrockneten Tomaten auf dem Schneidbrett in kleine Würfel. Verrührt in einer Schüssel den Frischkäse, die getrockneten Tomaten, das Tomatenmark, zwei Prisen Salz und Pfeffer, den Zucker, die Kräuter und den Parmesan.

Als nächstes bratet ihr die Pfannkuchen. Dafür bittet ihr am besten Mama um Hilfe. Oder Papa. Oder Oma.

Stellt eine Pfanne auf den Herd, lasst sie heiß werden und streicht sie dünn mit Öl aus. **Dafür ist ein Silikonpinsel richtig cool.** Gebt eine Kelle voll Teig hinein, schwenkt die Pfanne, bis der Teig gleichmäßig verteilt ist, und lasst den Pfannkuchen **eine knappe Minute** braten. Dann wird er gewendet und auch auf der zweiten Seite kurz gebraten.

Die fertigen Pfannkuchen stapele ich immer auf einem Essteller. Sobald alle Pfannkuchen fertig sind, füllen wir sie. Dazu bestreiche ich einen Pfannkuchen mit etwas Tomatencreme, lege ein paar Salatblätter darauf und rolle sie ein. **Ja, okay, den Salat kann man auch weglassen.** **Die Rollen werden dann noch in 3 Stücke geschnitten, durch die ihr einen kleinen Pikser oder Zahnstocher steckt, damit sie sich nicht wieder ausrollen.** Zum Schluss könnt ihr die Röllchen hübsch auf einen Teller legen und zum Beispiel mit einem Salatblatt oder so dekorieren. Dazu sind die Dinger auf jeden Fall gut.

s braucht ihr dafür

üchenwaage, 2 Rührschüsseln, 1 Schneebesen,
fanne, 1 Backpinsel, Zahnstocher, Pfannenwender

Gemüsewaffeln

Mit Waffeln ist das genauso wie mit Pfannkuchen: Süß sind sie superlecker. Aber mit Gemüse auch! Wetten?

Das werden 8 knusprige Waffeln und nach **45 Minuten** bin ich auch schon fertig!

Beim Backen können **auch meine Brüder helfen!**

Das braucht ihr dafür

1 Küchenwaage, 1 Rührschüssel, 1 Küchenreibe, 1 Gemüseschäler, 1 Küchenmesser, 1 Kelle, 1 Waffeleisen, 1 Silikonpinsel (oder anderer Backpinsel)

Zutaten

- 150 g Weizenmehl Type 405
- 1,5 TL Backpulver
- 2 Eier
- 250 ml Milch
- 100 g Joghurt
- Salz
- 2 EL Tiefkühl-Kräuter
- 2 Karotten
- 1 kleine Zucchini
- 1 rote Paprika
- 100 g Reibekäse
- Speiseöl zum Backen
- 1 Schale Gartenkresse
- 1 Rezept Dip von S. 50

Wiegt alle Zutaten ab und stellt sie bereit. Gebt das Mehl mit dem Backpulver, den Eiern der Milch, dem Joghurt, 1 gestrichenem TL Salz und den Kräutern in eine Schüssel. **Verrührt alles klumpenfrei und stellt die Schüssel beiseite.**

Jetzt werden die Karotten, Zucchini und Paprika gewaschen. Die Karotten schälen, Karotten und Zucchini auf der groben Seite der Küchenreibe raspeln. Die Paprika entkernen und die Hälften klein würfeln. Gebt das Gemüse zum Teig, dann fügt den Käse hinzu und rührt alles um.

Jetzt ist wieder ein Erwachsener dran ... **ich bitte heute mal Oma um Hilfe.**

Heizt das Waffeleisen vor. Streicht es dünn mit Öl ein und gebt eine Kelle voll Teig hinein. Dann backt die Waffel, bis sie schön braun ist, und legt sie auf ein Gitter. So macht ihr das mit dem gesamten Teig.

Anschließend könnt ihr sie hübsch auf einem Teller dekorieren und noch ein bisschen Kresse drüberstreuseln. Und mit dem Dip zusammen auf den Tisch stellen.

Nach dem Essen sind natürlich eure Blödbrüder mit dem Abwasch dran.

Gefüllte Brötchenmuffins

„Hä? Wie jetzt, Brötchen oder Muffin?", hat CHEYENNE gefragt. Ist doch egal, CHEYENNE. Hauptsache lecker.

Vor allem, wenn der Belag schon gleich mit dabei ist, nämlich innen drin.

Den Teig lasse ich eine Stunde gehen, dann **forme ich 12 Stück,** und backe sie 20 Minuten.

Das braucht ihr dafür

1 Küchenwaage,
1 Rührschüssel,
1 Handmixer mit Knethaken, Messbecher,
1 Muffinform

Zutaten

500 g Weizenmehl Type 550
1 Päckchen Trockenhefe
1 TL Salz
12 TL Aufstrich oder Belag eurer Wahl (Konfitüre, Schokoaufstrich, Frischkäse, gewürfelter Schinken oder Käse, usw.)

Wiegt alle Zutaten ab und stellt sie bereit. In der Rührschüssel mischt ihr das Mehl mit der Trockenhefe und dem Salz. Nun gießt ihr 250 ml lauwarmes Wasser dazu und verknetet alles zu einem glatten Teig. Entweder mit den Händen, dann müsst ihr etwa 8 Minuten lang kräftig kneten **(Oh Mann, CHEYENNE, hilf mir mal! Wir müssen uns abwechseln)**, oder ihr lasst die Küchenmaschine 5 Minuten lang kneten. Danach deckt ihr den Teig ab und lasst ihn in der warmen Küche 1 Stunde gehen.

Das Muffinblech **mit Butter einfetten.** Den Teig auf der Arbeitsfläche kurz zusammenkneten, zu einer Rolle formen und in 12 gleich große Stücke teilen. Anschließend nehmt ihr immer ein Teigstück, formt es rund und legt es in die Muffinform. Drückt eine tiefe Mulde hinein und füllt sie mit einem Teelöffel Marmelade oder Aufstrich eurer Wahl, süß oder salzig. Jetzt deckt ihr die rohen Brötchen wieder ab und lasst sie noch mal **20 Minuten gehen.**

Für den Backofen braucht ihr wieder einen Erwachsenen. **Bei uns heizt Mama ihn auf 220°C Ober-/Unterhitze vor.** Wenn der Backofen die Temperatur erreicht hat, besprenkelt ihr den Teig mit Wasser und schiebt (Achtung, sehr heiß!!! Mama!) die Muffinform in den heißen Ofen. Die Brötchenmuffins 20 Minuten backen. Lauwarm abkühlen lassen. Essen. **CHEYENNE, verstehst du jetzt, warum es völlig egal ist, wie die heißen?**

Lottas Tipp

Wenn ihr die Brötchenmuffins süß füllt, gebt noch 1 gehäuften Esslöffel Zucker mit in den Teig!

WRAPS TO GO

Sooooo lecker!
Die schmecken allen.

"To go" heißt, dass ich die 4 Wraps mit allem füllen kann, was ich möchte – und dann einfach damit weggehen, hihi!

Und das mache ich jetzt auch; ich nehme sie nämlich mit ins Baumhaus.

Ich zaubere jetzt schnell **4 superleckere Wraps**, die in 15 Minuten fertig sind.

Das braucht ihr dafür
1 Messer, Sieb, Küchentuch oder Salatschleuder, Bienenwachstücher oder Butterbrotpapier/Brottüten und Küchengarn

Zutaten
4 Salatblätter
1 Tomate
1/2 Gurke
5 Radieschen
4 Wraps (Mais, Weizen oder Dinkel)
200 g Kräuter-Frischkäse
4 große Scheiben Schinken (oder 8 Scheiben Salami, Putenwurst, Mortadella, usw.)
4 Scheiben Schnittkäse oder 4 EL geriebener Käse

Stellt alle Zutaten bereit. Wascht den Salat und lasst ihn gut abtropfen. Dann mit einem Küchentuch trockentupfen oder in der Salatschleuder trockenschleudern.

Die Tomate, die Gurke und die Radieschen waschen, putzen und in dünne Scheiben schneiden.

Jetzt geht es ans Belegen. Dafür die Wraps mit Frischkäse bestreichen und Schinken, Käse, Salat sowie Gemüse darauf verteilen. Die Wraps seitlich etwas einschlagen und dann von unten nach oben aufrollen.

Wenn ihr sie mitnehmen wollt, entweder halbieren und in die Brotdose packen oder in Bienenwachstücher oder Butterbrotpapier wickeln und mit einem Küchengarn festbinden.

Also, ich will sie auf jeden Fall mitnehmen. Und wenn ihr auch Wraps essen wollt, dann macht euch doch selbst welche, **Blödbrüder**! Ist total einfach, echt.

Die Wraps snacken wir zusammen in PAULS Baumhaus, da freu ich mich schon drauf!

Reste-Puffer

Ein paar Löffel Reis und zwei Kartoffeln sind noch von gestern übrig.

„Indisches Kartoffel-Curry", schlägt **Mama** vor. „Wegschmeißen", meinen JAKOB UND SIMON. Aber ich sage nur (tadaaa!): ***„Reste-Puffer!"***

Aus der Masse bekomme ich 3 hungrige Mäuler satt.
Sie sind nicht besonders schwer, und **in 40 Minuten sind die fertig.**

Das braucht ihr dafür
1 Küchenwaage,
Sieb,
1 Rührschüssel,
Schneebesen,
1 Rührlöffel,
1 Pfanne,
Pfannenwender

Zutaten
100 g Tiefkühl-Erbsen
1 kleine Dose Mais (Abtropfgewicht etwa 120 g)
2 Eier
50 g Weizenmehl Type 405
100 ml Milch
2 EL Tiefkühl-Kräuter
Salz
frisch gemahlener Pfeffer
etwa 200 g übrigen Reis, Nudeln oder Kartoffeln
2–3 EL Speiseöl

Wiegt alle Zutaten ab und stellt sie bereit. Lasst die Erbsen in etwas heißem Wasser auftauen und gießt den Mais in einem Sieb ab.

Jetzt verrührt ihr in einer Schüssel die **EIER** mit dem **MEHL,** der **MILCH,** den **KRÄUTERN, 1 TL SALZ** und etwas **PFEFFER.** Die Nudeln oder den Reis könnt ihr direkt unterheben, die Kartoffeln werden vorher geschält (wenn sie das noch nicht sind) und gewürfelt. Zuletzt die Erbsen in einem Sieb abgießen und mit dem Mais unter den Teig heben.

Nun die Pfanne auf dem Herd erhitzen – am besten zusammen mit Papa, weil Mama immer noch beleidigt ist, dass sie kein indisches Kartoffel-Curry machen durfte.

1 TL Öl in der Pfanne verteilen und die Puffermasse mit einem Esslöffel portionsweise ins heiße Öl geben. **Boah, ist das heiß!** Die Puffer goldbraun und knusprig braten, dann wenden und auf der zweiten Seite auch braun anbraten. Anschließend könnt ihr sie **AUF EINEM TELLER STAPELN.**

Ich hab dazu noch den Joghurt-Dip von Seite 50 gemacht – und da musste sogar Mama zugeben, dass die Puffer voll lecker sind!

CROQUE Monsieur und Madame

KROCK ... WAS? Wie wird das ausgesprochen, Rémi? Und da du schon mal hier bist: ***Hilfst du mir beim Backen?*** Oui, oui, **natürlisch** darfst du nachher auch mitessen!

MONSIEUR UND MADAME hier gibt's GLEICH 4 leckere Croques zu verteilen. Ich hab dafür 45 Minuten in der Küche gestanden.

Und das hat sich gelohnt!

Das braucht ihr dafür

1 Schneidbrett,
1 Küchenmesser,
1 Backblech mit Backpapier,
1 Pfanne,
1 Pfannenwender

Zutaten

8 Scheiben Vollkorntoast
1 Becher Cr me fraiche (200 g)
4 große Scheiben Schinken
8 Scheiben Käse
20 g Butter
4 Eier

Stellt alle Zutaten bereit. Heizt zusammen avec Maman oder Papa den Backofen auf **180 °C Ober-/Unterhitze** vor.

Belegt das Backblech mit Backpapier. Dann die Toastscheiben mit Cr me fraiche bestreichen und die Hälfte davon mit einer Scheibe Schinken sowie einer Scheibe Käse belegen. Mit den übrigen Toastscheiben abdecken und den restlichen Käse obendrauf legen.

Die Brote auf dem Backblech verteilen, in den heißen Ofen schieben und darin etwa **10 Minuten** überbacken. So wie sie gleich aus dem Backofen kommen, heißen sie Croque Monsieur.

Aber wenn ihr wollt, bratet ihr euch noch ein Spiegelei dazu. Dann wird daraus nämlich Croque Madame – das sagt Rémi jedenfalls. Dafür stellt ihr die Pfanne auf den Herd, verteilt die Butter auf dem kalten Pfannenboden und schaltet den Herd an. Schlagt dann die Eier auf und lasst sie in die Pfanne gleiten. Bratet sie bei **mittlerer Temperatur 3–5 Minuten**, bis sie fertig aussehen. Streuselt noch etwas Salz drauf, nehmt die Spiegeleier mit dem Pfannenwender aus der Pfanne und legt sie oben auf die Croques.

Monsieur Rémi,
du möchtest eine
Croque Madame?
Mais oui, kriegst du,
bien sur, bon app tit!

Und, nee, bloß kein Händchenhalten beim Mittagessen!

GEFÜLLTE TORTILLA-KÖRBCHEN

Oh Mann, bei „Körbchen" muss ich immer an meinen **Lieblingshund Anton** denken ... Schade, dass er nicht in seinem Körbchen bei uns in der Küche liegen kann, während wir die oberleckeren Tortilla-Körbchen essen. Na gut, dann besuche ich ihn eben nachher im Tierheim.

Das werden etwa 12 Stück und ihr bekommt 6 Freunde satt. Ich habe dafür etwa 60 Minuten in der Küche gestanden. **Hat sich gelohnt, finde ich!**

Das braucht ihr dafür

Küchenwaage,
1 Muffinblech,
1 runder Ausstecher (etwa 10 cm),
1 Schneidbrett,
1 Küchensieb,
1 Küchenmesser

Zutaten

4 große Tortillafladen
1 kleine Zwiebel
1 kleine Knoblauchzehe
2 EL Olivenöl plus mehr für die Form
400 g Rinderhackfleisch
4 EL Tomatenmark
250 ml Gemüsebrühe
1 TL getrockneter Oregano
Salz
Zucker
frisch gemahlener Pfeffer
1 kleine Dose Mais (Abtropfgewicht 120 g)
8 Kirschtomaten
100 g Reibekäse

Wiegt alle Zutaten ab und stellt sie bereit. Heizt zusammen mit einem fiesen Erwachsenen, der einem armen Hund kein schönes Zuhause geben will, den **Backofen auf 180 °C Ober-/Unterhitze** vor. Streicht das Muffinblech mit Öl ein. Stecht **mit einem runden Ausstecher** (etwa 10 cm Durchmesser, auch eine Tasse, Schale o. ä.) 12 runde Teigkreise aus den Tortillafladen aus. Legt die Teigkreise in die Muffinmulden und drückt sie gut an. Schiebt das Blech auf dem Ofengitter in den Backofen und backt die Teigschalen etwa 6–8 Minuten, bis sie an den Rändern leicht braun und knusprig sind. Anschließend nehmt ihr sie aus dem Ofen und lasst sie abkühlen.

Für die Füllung schält die **Zwiebel** und den **Knoblauch** und schneidet beides in kleine Würfel (falls ihr das Zeug nicht mögt, könnt ihr es auch einfach weglassen). Das Olivenöl in einem großen Topf erhitzen, zuerst die Zwiebeln und den Knoblauch (oder auch nicht), dann das Hackfleisch 5 Minuten lang unter Rühren anbraten. Rührt das Tomatenmark in einer Schale mit der Gemüsebrühe, dem Oregano, 1 TL Salz, 2 Prisen Zucker und Pfeffer glatt und gießt es zum Hackfleisch. Nun lasst ihr die Soße 10 Minuten auf der mittleren Stufe abgedeckt kochen. Anschließend nur noch den Mais abgießen, die Kirschtomaten waschen und halbieren und beides in die Hackfleischsoße geben. Kurz zusammen erhitzen und noch mal mit Salz und etwas Pfeffer abschmecken.

Zum Servieren stellt ihr die Tortilla-Körbchen auf eine Platte, gebt die Soße in eine Servierschüssel und den Käse in eine Schale. Nun kann sich jeder sein Körbchen selbst füllen. Aber natürlich kommen die Leute in eurer Familie, die NICHT tierlieb sind, als letzte dran!!!

Lottas Tipp

Die Reste der ausgestochenen Tortillafladen schneidet ihr einfach klein und röstet sie kurz im Backofen. Dann könnt ihr sie mit einem Dip (zum Beispiel den von Seite 50) wegnaschen – fast wie Chips!

TOASTSPIESSE

Ich mag Spieße. Die machen nämlich zweimal Spaß: einmal beim Aufspießen und dann beim Abspießen und Aufessen.

Und wenn man nicht ***so blöd*** ist wie meine Brüder, dann pikt man sich auch nicht dabei.

Daraus mache ich 15 Spieße und stehe dafür 30 Minuten in der Küche.

Das braucht ihr dafür
1 Schneidbrett,
1 Messer,
12 Spieße

Zutaten
12 Scheiben Toastbrot
300 g Frischkäse
2 dickere Scheiben Butterkäse (etwa 0,5 cm)
1 Bund Petersilie
1 Salatgurke
1 Apfel

Stellt alle Zutaten bereit. Bestreicht die Toastbrote mit zwei Drittel vom Frischkäse und klappt immer zwei zusammen.

Jetzt schneidet ihr jedes **Toastbrot** einmal längs und einmal quer, so dass vier Würfel entstehen. Den **Käse** ebenfalls so würfeln. Jetzt spießt ihr Brot und Käse abwechselnd auf. Wascht nun die **Petersilie**, tupft sie trocken, zupft die Blätter ab und schneidet sie sehr klein.

Die Spieße werden nun **außenrum dünn mit dem Rest Frischkäse eingestrichen und in der Petersilie gewälzt.** Dann legt ihr die Spieße auf eine Platte. Den Apfel und die Gurke waschen, den Apfel entkernen und in Spalten schneiden. Die Gurke in Stifte schneiden. Apfelspalten und Gurkenstifte auf der Platte mit den Spießen dekorieren.

Das sieht schön aus und ist gleichzeitig noch gesund und lecker. Dafür lässt Rémi sogar sein Camembert-Brot liegen.
Und CHEYENNE ihre Chips.

Tex-Mex-Bagel

Herr Fellich feiert heute mit uns ein **Wir-schützen-unsere-Erde-Klassenfest.** Dazu bringe ich diese Bagels mit.

Die sind nämlich voll vegetarisch – und dabei schmecken sie fast nach Pizza!

Das gibt 8 Hälften, die ich in 40 Minuten fertig hatte. Für meine Klasse habe ich einfach die doppelte Menge gemacht. Das muss reichen, denn die anderen bringen ja auch noch etwas mit ...

Das braucht ihr dafür

1 Schneidbrett,
1 Küchenmesser,
1 Gemüseschäler,
1 Schüssel,
1 Backblech mit Backpapier

Zutaten

1 rote und 1 gelbe Paprikaschote
1 Zucchini
1 kleine Dose Mais
1 kleine Dose rote Bohnen
1 Zwiebel
2 EL Olivenöl
1 TL Oregano
1 TL Paprikapulver edelsüß
Salz
frisch gemahlener Pfeffer
Zucker
400 g gehackte Tomaten, aus der Dose
4 Bagels
100 g Reibekäse

Wiegt alle Zutaten ab und stellt sie bereit. Wascht die Paprika und die Zucchini. Die Paprika entkernen und die Hälften in kleine Würfel schneiden. Die Zucchini ebenfalls würfeln. Nun den Mais und die Bohnen in einem Sieb abtropfen lassen. Die Zwiebel abziehen und würfeln. Holt euch für das Kochen der Soße und später zum Überbacken Hilfe von einem Erwachsenen, der auch die Erde schützen will, wie zum Beispiel Mama.

Gebt das **Olivenöl** in eine große Pfanne und bratet die **Zwiebeln**, die **Paprika** und die **Zucchini** einige Minuten darin an. Gebt den **Oregano**, das **Paprikapulver**, **1 TL Salz**, **2 Prisen Pfeffer**, **1 Prise Zucker** und die **gehackten Tomaten** dazu. Lasst das Gemüse bei mittlerer Temperatur 10 Minuten köcheln, rührt dabei mehrmals um. Zuletzt kommen nur noch der **Mais** und die **Bohnen** in die Soße, die ihr dann mit Salz und Pfeffer abschmeckt. Danach lasst ihr sie etwas abkühlen.

Heizt den Backofen auf **220 °C Ober-/Unterhitze** vor und legt ein Backblech mit Backpapier aus. Jetzt werden die Bagels halbiert und jede Hälfte mit der Soße bestrichen. Setzt die Bagelhälften auf das Backblech, streut den Käse darüber und backt sie 10–12 Minuten im heißen Ofen.

Wetten, die Bagels schmecken sogar Berenike? Obwohl die bestimmt vom Aussterben bedrohte, geröstete Käfer zum Klassenfest mitbringt ...

Guten Appetit!
Zucker
Mehl
MILCH
Zimt

Voll knusprig!
Klitzekleine
Kleinigkeiten
Die wilden Kaninchen
WK

Studentenfutter

Papa isst gern STUDENTENFUTTER, das sind so Nüsse mit Rosinen. ABER ROSINEN MAG ICH EINFACH NICHT! Deshalb hab ich mein eigenes Lotta-Studentenfutter erfunden. Ohne Rosinen. Und voll gut fürs Gehirn, zum Beispiel vor einer Klassenarbeit.

8 mega-leckere Knabberportionen, perfekt, um in der SCHULE ZU VERTEILEN – und ich stehe nur 10 Minuten in der Küche. CHEYENNE isst sie immer vor Klassenarbeiten – und ich auch.

Das braucht ihr dafür

1 Schüssel,
1 Küchenwaage,
1 Backblech,
2 Schraubgläser mit passendem Deckel

Zutaten

1 Tüte Mandelkerne (200 g)
1 Tüte Sonnenblumenkerne (150 g)
1 Tüte Walnüsse (150 g)
1 Tüte Erdnüsse (150 g)

Stellt alle Zutaten breit und verteilt die Nüsse und Kerne auf einem Backblech. Holt euch dann Hilfe von Papa, aber passt auf, **dass er nicht doch noch ein paar Rosinen dazu schmuggelt.**

Heizt gemeinsam den Backofen auf **160 °C Ober-/Unterhitze** vor und schiebt das Backblech mit den Nüssen in den Backofen. Lasst die Nüsse 10 Minuten rösten. Anschließend das Blech aus dem Ofen nehmen, das Studentenfutter umfüllen und abkühlen lassen.

Füllt die Mischung in Gläser, die ihr mitnehmen könnt, zum Beispiel in die Schule, ins Baumhaus oder in den Urlaub.

Morgen schreiben wir übrigens **Physik**. Also, ich glaub, da brauche ich sehr, sehr viele Nüsse!

SNACKER-CRACKER
NICHT NUR FÜR PAUL

Bei Paul **im Baumhaus** gibt es meistens Kekse, obwohl Paul ja auch gerne gesunde Sachen isst. Deshalb bin ich echt gespannt, was er zu diesen Crackern sagt. **Voll knusprig und kein bisschen süß.**

Das braucht ihr dafür

1 Küchenwaage,
1 Rührschüssel,
1 Rollholz,
1 Backblech mit Backpapier,
1 Teigrad oder Messer,
Backpinsel

Zutaten

150 g Weizenmehl Type 405 plus mehr zum Bearbeiten
Salz
1 TL getrocknete Kräuter
2 TL Sesamsaat
50 g kalte Butter
80 g Frischkäse
3–4 EL Milch

Das werden 8 Snack-Portionen. Für die hab ich etwa 30 Minuten gebraucht. Im Ofen haben sie dann noch **12 Minuten gebacken.**

Wiegt alle Zutaten ab und stellt sie bereit. Gebt das Mehl mit 1/2 TL Salz, Kräutern und Sesam in die Rührschüssel.

Die Butter würfeln und mit dem Frischkäse zum Mehl geben. Nun verknetet ihr die Zutaten **zügig** zu einem Mürbeteig – aber bloß nicht zu lange kneten, sonst werden die Cracker nicht so schön knusprig.

Bestreut die Arbeitsfläche mit etwas Mehl und **rollt den Teig dünn aus.** Dann schneidet ihr ihn mit einem Teigrädchen oder einem Messer zuerst in **Streifen, dann in kleine Vierecke**. Oder ihr stecht so kleine süße Monde aus. (Dann aber die Teigreste wieder zusammenkneten und noch mal ausrollen.)

Legt die Teigstücke auf dem Backblech aus und bestreicht sie mit der Milch. **Holt euch Unterstützung (am besten von Mama. Papa fängt sonst schon an zu naschen)** und schiebt das Backblech in den vorgeheizten Backofen.

Dann 10–12 Minuten backen. Danach lasst ihr sie abkühlen und nehmt sie zum Wegknuspern mit ins Baumhaus.

„Echt? Die hast du selbst gebacken?", fragt Paul. Tja, Paul. Ich hab eben auch so ***meine Talente.***

GRISSINI

Menno, die knusprigen Cracker sind schon wieder aufgegessen. Viel zu schnell. Ob die Grissini wohl länger halten? Hm, ich glaub nicht. Die sind nämlich genauso **OBERKNUSPERLECKER ...**

Für 8 Knabberportionen.
Dafür habe ich 30 Minuten in der Küche gestanden, den Teig 45 Minuten gehen lassen und im Ofen haben sie 12 Minuten Backzeit.

Das braucht ihr dafür
1 Küchenwaage,
1 Rührschüssel,
1 Küchentuch,
1 Backblech mit Backpapier,
1 Rollholz,
1 Teigrad oder Messer

Zutaten für den Teig
200 g Weizenmehl Type 405 plus mehr zum Bearbeiten
50 g Hartweizengrieß
1/2 TL Salz
2 TL Trockenhefe
1 EL Olivenöl

Wiegt alle Zutaten ab und stellt sie bereit. Mischt in einer Schüssel zuerst das Mehl mit dem Grieß, dem Salz und der Trockenhefe gründlich. Nun gebt ihr 100 ml lauwarmes Wasser und das Olivenöl dazu.

Verknetet alles zu einem glatten Teig, **bis er nicht mehr klebt.** Das geht mit den Händen oder der Küchenmaschine (ich nehm lieber die Küchenmaschine, weil ich es nicht mag, wenn meine Hände kleben).

Stellt die Schüssel mit dem Teig abgedeckt beiseite und lasst ihn 45 Minuten an einem warmen Ort gehen. Nach dieser Zeit könnt ihr zusammen mit **Mama, Papa oder Oma Ingrid** den Backofen vorheizen, 175 °C Ober-/Unterhitze. Legt zwei Backbleche mit Backpapier aus. Die Arbeitsfläche dünn mit Mehl bestreuen, den Teig darauf kurz durchkneten und in zwei Hälften teilen. Eine Teighälfte dünn als Rechteck ausrollen und mit dem Teigrad in dünne Streifen schneiden. Die Streifen auf das erste Backblech legen.

Schiebt zusammen mit eurem Erwachsenen das Blech in den heißen Ofen, danach wird 10–12 Minuten gebacken, **bis die Grissini ganz leicht gebräunt sind.** Aber nur ganz leicht! Holt sie dann aus dem Ofen (Machst du das bitte, Oma Ingrid?) und lasst sie abkühlen. Während das erste Blech im Ofen ist, rollt ihr die zweite Teighälfte genauso als Rechteck aus, schneidet Streifen und legt sie auf das zweite Backblech. Und wenn das erste Blech dann draußen ist, backt ihr das zweite genauso.

Voll einfach und lecker!
Leider haben Papa und meine Blödbrüder schon die meisten Stangen aufgegessen, bevor ich sie mit ins Baumhaus nehmen konnte.
Voll fies!

Getrocknete Apfelringe

Apfelmus, Apfelkompott, Apfelkuchen ... Oma weiß schon gar nicht mehr, was sie mit den ganzen Äpfeln in ihrem Garten anfangen soll. Aber zum Glück hat sie ja mich! Und ich bin inzwischen voll der Apfelprofi.

Aus 4–5 Äpfeln bekomme ich 6–8 Knabberportionen und brauche nur 15 Minuten. **Für die Trocknungszeit müsst ihr allerdings etwas geduldig sein.**

Das braucht ihr dafür
1 Schneidbrett,
1 Apfelausstecher oder einen kleinen runden Ausstecher,
einige Schaschlikspieße

Legt alles bereit und startet mit dem Waschen der Äpfel. Man kann sie mit oder ohne Schale trocknen, ganz wie man will **(also, ich finde es einfacher, die Schale dranzulassen. Und genauso lecker)**.
Stecht das Kerngehäuse mit dem Apfelausstecher aus und schneidet die Äpfel in gleichmäßig dünne Scheiben. Wenn ihr keinen Apfelausstecher habt, schneidet ihr die Äpfel zuerst in Scheiben und stecht dann das Gehäuse mit einem wirklich kleinen Ausstecher vom Plätzchenbacken aus.

Zutaten
4–5 Äpfel
(oder mehr oder weniger)

Jetzt fädelt ihr die Apfelscheiben auf die Schaschlikspieße und hängt sie in das Backofengitter ein.

Die Apfelscheiben stecken zwischen den Gitterstäben und die Holzspieße liegen obendrauf. Vielleicht müsst ihr noch ein bisschen sortieren, damit die Apfelscheiben **nicht aneinanderkleben.** Ihr könnt so viele aufgespießte Apfelscheiben auf dem Gitter verteilen, wie Platz ist.

Dann in den Backofen schieben, **40°C Umluft** einschalten und die Apfelringe 2–3 Stunden trocknen lassen. **Das geht sogar ohne einen Erwachsenen, weil man sich an 40°C nicht verbrennen kann.** Steckt einen Holzlöffel in die Backofentür, damit die Feuchtigkeit entweichen kann.

Anschließend lasst ihr die Apfelscheiben noch **1–2 Tage liegen**, damit auch noch die letzte Feuchtigkeit verdunsten kann. Dann packt ihr sie in eine Box, aber legt den Deckel nur locker obendrauf.

AHA!

Getrocknete Apfelringe sind Obst, das sogar Jedi-Ritter gern essen. Und Darth Vader. Das behaupten jedenfalls meine **Blödbrüder**.

Gemüsechips

Mama kocht ja immer so **AYU...DINGSBUMS UND GESUND.** Klar ist das auch wichtig fürs Gehirn und alles. Aber Chips sind einfach **sooo lecker** – und nie kauft sie welche.

Aber man kann die ja zum Glück auch selber machen!

Aus dem Gemüse bekommt ihr **8 Knabberportionen** in 30 Minuten plus 45 Minuten **TROCKENZEIT.**

Das braucht ihr dafür
1 Schneidbrett,
1 Gemüseschäler,
1 Gemüsehobel
(Achtung, scharf!),
1 Schüssel,
1–2 Backbleche mit
Backpapier ausgelegt

Zutaten
2 Karotten
1 Süßkartoffel
1 Pastinake
1 EL Olivenöl
1/2 TL Salz
1/2 TL getrocknete
Kräuter

Stellt alles bereit und wascht das Gemüse. Schält die Karotten, die Süßkartoffel und die Pastinake und hobelt das Gemüse in ganz dünne Scheiben. **So ein Hobel ist echt scharf, also holt euch lieber Papa oder einen anderen Erwachsenen dazu, vor allem am Schluss**, wenn das Gemüse immer kürzer wird.

Alle Gemüsescheiben mischt ihr nun in einer Schüssel mit dem Olivenöl, dem Salz und den Kräutern. Massiert das Öl gründlich in das Gemüse ein und verteilt die Scheiben nebeneinander auf den Backblechen.

Nun in den Ofen schieben, den Backofen auf 130 °C Umluft einschalten und **die Gemüsechips 30–45 Minuten backen.** Während dieser Zeit öffnet ihr zusammen mit Papa ab und zu kurz die Tür, um die Feuchtigkeit rauszulassen. **Nach etwa 30 Minuten testet ihr, ob die Chips schon knackig sind.** Also Chip aus dem Ofen nehmen, abkühlen lassen, wegknuspern. **KNUSPERT NOCH NICHT?** Dann trocknet ihr einfach weiter, bis es endlich knuspert. Übrigens nicht wundern, die werden nicht alle gleichzeitig fertig – weiß auch nicht warum, hab sie ja alle gleich dick geschnitten. Naja... holt einfach immer die raus, die schon fertig sind. Je dicker die Scheiben sind, desto länger dauert es nämlich, also vielleicht auch länger als 45 Minuten.

Aber irgendwann sind es richtige Chips geworden. Die muss man dann rausnehmen, abkühlen lassen, in Butterbrottüten füllen und am besten **sofort mit seinen besten Freunden aufessen**. Zum Beispiel vor dem Fernseher, wenn dort gerade der Film Alles Tschaka mit Alpaka läuft.

Aber Achtung: Man muss UNBEDINGT darauf aufpassen, dass man für das Rezept **KEINEN ROSENKOHL** verwendet!!!

BLÄTTERTEIG-KÄSEFÜSSE

Ich weiß gar nicht, warum ich gerade an Rémi denken muss.
Dabei hat der gar keine Käsefüße. Noch nicht mal Camembert-Füße ...

Reicht für 8 Knabberportionen und dauert 20 Minuten plus 18 Minuten Backzeit

Das braucht ihr dafür

Backblech (eventuell mit Backpapier), 1 Fuß-Ausstecher oder eine selbstgemachte Pappschablone, kleines Küchenmesser, Backpinsel, kleine Schale

Zutaten

1 Rolle frischer Blätterteig
1 Eigelb
2 EL Milch
100 g Reibekäse (auch Parmesan oder andere Sorten)

Stellt alle Zutaten bereit und schaltet den Backofen auf 200 °C Ober-/Unterhitze ein, nachdem ihr vorher das Backblech rausgenommen habt.

Packt den Blätterteig aus und rollt ihn aus. **Oft ist der Blätterteig schon auf einem Backpapier drauf. Das ist voll praktisch.** Aber wenn nicht, müsst ihr das Blech eben selbst noch mit Backpapier auslegen.

Danach stecht oder schneidet ihr mit der Schablone kleine Füße aus dem Teig aus. **Ist das Trägerpapier des Teiges für den Backofen geeignet, braucht ihr nur die Teigreste zwischen den Füßen herauszuzupfen.** Ansonsten legt ihr die Füße aufs Backpapier.

Verquirlt das Eigelb mit der Milch und bestreicht sie damit.

Jetzt müsst ihr die Füße nur noch mit Käse bestreuen und in den Backofen schieben ... dafür holt ihr am besten einen Erwachsenen mit Käsefüßen dazu. Die Füße brauchen **im heißen Ofen etwa 15–18 Minuten.**

Anschließend lasst ihr sie abkühlen und dann feiert ihr am besten sofort eine Alte-Socken-Party. Frisch schmecken die Käsefüße nämlich am allerbesten.

Ein Hinweis an Berenike: „Fußnägel" mit Ketchup anmalen, hihihi, sieht gut aus und schmeckt auch noch.

BANANE am Spieß

Ich kann selbst Eis am Stiel machen! Cool, oder? Wie, du magst keine Banane? Dann kannst du auch Erdbeeren nehmen. Die darfst du bloß **vorher nicht einfrieren**, weil sie sonst matschig werden.

Reicht für 4 Personen und dauert 20 Minuten

Das braucht ihr dafür
Küchenwaage,
Küchenmesser,
8 frische Eisstiele,
1 kleiner Topf,
1 Schüssel,
die in den Topf
gehängt werden kann,
1 Esslöffel

Zutaten
4 kleinere
hellgelbe Bananen
150 g Zartbitter-
schokolade
(oder 1 Packung
dunkle Kuchenglasur)
50 g weiße Schokolade

Wiegt alle Zutaten ab und stellt sie bereit. ***Die Bananen schälen (logisch, oder?)*** und in zwei Stücke schneiden. Jede Bananenhälfte auf einen Eisstiel stecken. Am besten vorher mit einem spitzen (Vorsicht mit den Fingern!) Küchenmesser die Banane einschneiden. Dann mit Holzstiel auf einen Teller legen und ins Gefrierfach stellen. Nun die Zartbitterschokolade in Stücke brechen und in eine Schüssel geben.

Den Topf mit wenig Wasser (etwa 2cm) befüllen und auf den Herd stellen. **Die Schüssel in den Topf hängen – der Boden der Schüssel darf dabei nicht ins Wasser tauchen.** Jetzt erhitzt ihr das Wasser bei niedriger bis mittlerer Temperatur, bis die Schokolade geschmolzen ist. (...oder ihr schmelzt die Glasur nach Packungsanleitung.)

Die Bananen aus dem Tiefkühler holen, über die Schüssel halten (damit es keine Schweinerei gibt) und so lange Schokolade darüber träufeln, bis sie ganz eingeschokoladet sind. Dann kommen sie zurück ins Gefrierfach. Im Anschluss schmelzt ihr die weiße Schokolade genauso und besprenkelt die dunkle Schokolade damit. **Jetzt könnt ihr die Bananen sofort essen oder für kurze Zeit im Kühlschrank aufbewahren.**

Ach nee, am besten doch sofort essen, und zwar zusammen mit eurer allerbesten CHEYENNE!

Lottas Tipp

Man kann statt der weißen Schokolade auch gehackte Nüsse oder Kokosraspel nehmen ... oder irgendeine andere Streuseldeko.

APFEL-LOLLIES

Wisst ihr noch? Der Garten von Oma und Opa? **Und die vielen Äpfel?** Zum Glück hab ich **immer** voll die guten Ideen, was man daraus machen kann. Ich glaub, Oma ist echt froh über meine ganzen Apfel-Rezepte!

Für die 6 Apfel-Lollies habe ich gerade mal 30 Minuten gebraucht.

Das braucht ihr dafür
1 kleiner Topf,
eine Schüssel, die in den Topf gehängt werden kann,
einen Esslöffel,
flache Spieße (etwa 10 cm lang),
Backpapier

Zutaten
2 Äpfel
200 g Zartbitterschokolade

Zum Verzieren:
Zuckerperlen,
Mini-Marshmallows,
Streudekor,
Kokosflocken, Cornflakes,
gehackte Mandeln
und was ihr sonst noch findet

Wiegt alle Zutaten ab und stellt sie bereit. Die Äpfel waschen, schälen, halbieren und in dickere Scheiben schneiden. Das Kerngehäuse schneidet ihr heraus. Jetzt steckt die **Apfelscheiben auf die Spieße.**

Danach brecht ihr die **Zartbitterschokolade in Stücke** und gebt sie in die Schüssel. Den Topf befüllt ihr mit wenig Wasser (etwa 2 cm) und stellt ihn auf den Herd. Hängt nun die Schüssel in den Topf – der Boden der Schüssel darf dabei nicht ins Wasser tauchen, sonst kann die Schokolade zu heiß werden. Anschließend erhitzt ihr das Wasser bei niedriger bis mittlerer Temperatur, bis die Schokolade geschmolzen ist.

Und jetzt wird's lustig: Ihr taucht die Apfelstücke in die Schokolade, lasst sie gut abtropfen und legt sie auf das Backpapier. Bevor die Schokolade trocknet, könnt ihr noch eure knusprigste Lieblingsdeko darauf streuen.

Ja, natürlich darfst du auch nur Mini-Marshmallows nehmen, CHEYENNE.

Dann braucht ihr die Schokolade nur noch trocknen zu lassen. Und schon schmeckt es fast wie auf dem Jahrmarkt! Wollt ihr noch eine Runde? Jaaaaa!

MÜSLIRIEGEL OHNE BACKEN

Mal gucken, ob ich das **GANZ ALLEIN** hinkrieg. Ich muss nämlich heute nicht an den Ofen und nur ein bisschen an den Herd. Das heißt, ich kann Mama und Papa **überraschen**.

Und gaaanz vielleicht gehen wir dann ja mit meinen **Müsliriegeln in den Zoo**!

10 Riegel habe ich aus diesem Rezept rausbekommen, die in 30 Minuten fertig waren. Ach ja, und plant die **2 Stunden Kühlzeit** mit ein.

Das braucht ihr dafür
Küchenwaage,
1 Schüssel,
1 kleiner Topf,
1 Auflaufform
(15x20 cm),
1 Rührlöffel

Zutaten
100 g feine Haferflocken
100 g Mandelblättchen
1/2 TL Zimtpulver
50 g Honig
50 g Kokosöl
50 g Datteln, entsteint

Wiegt alle Zutaten ab und stellt sie bereit. Zuerst vermischt ihr die Haferflocken mit den Mandeln und dem Zimt in einer Pfanne; stellt sie auf den Herd und röstet die Mischung einige Minuten auf mittlerer Stufe an. Dabei immer gut rühren – die Flocken dürfen nämlich nicht schwarz werden!

Anschließend füllt ihr die Mischung in eine Schüssel und gebt den Honig und das Kokosöl hinzu. **Die Datteln füllt ihr zusammen mit 75 ml Wasser in einen Mixbecher und püriert alles zu einer feinen (aber etwas klebrigen) Paste.** Danach kommt die Dattelpaste zur Haferflockenmischung. Alles gut vermischen und **zu einem glatten Teig verkneten**. Anstrengend, aber lohnt sich. Ich sag nur: Zoo ...

Spült die Auflaufform mit kaltem Wasser aus, legt sie mit Frischhaltefolie aus und drückt die Masse in die Auflaufform, bis alles glatt ist. Dann stellt ihr sie abgedeckt in den Kühlschrank. Nach etwa 2 Stunden könnt ihr die Müslimasse in Riegel schneiden und in eine Vorratsdose stecken.

Also, falls wir heute zufällig in den Zoo wollen: Ich hab schon den Proviant fertig, liebste Mama und liebster Papa!

Sommer-Eis

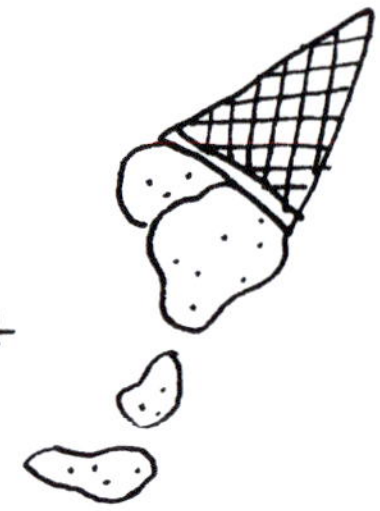

Die besten Sachen im Sommer sind **Ferien, Freibad** und **Eis**.

Ferien und Freibad kann ich leider nicht selber machen ...
aber Eis, das geht. Sogar leckeres Eis. SO RICHTIG LECKERES EIS!

Das Rezept reicht für 6 Personen, wobei CHEYENNE, PAUL, ***Rémi*** und ich das auch alleine verputzen können.

5-6 STUNDEN KÜHLZEIT NICHT VERGESSEN!

Das braucht ihr dafür

Küchenwaage,
Rührschüssel,
Zitronenpresse,
Mixbecher,
Pürierstab,
Schneebesen,
4 sauber ausgespülte kleine Joghurtbecher oder andere schmale kleine Förmchen, auch Stieleisformen sind superpraktisch,
Frischhaltefolie

Zutaten

1/2 Zitrone
250 g Sahnejogurt (10 % Fett)
2 EL Zucker
250 g frische oder Tiefkühl-Beeren

Wiegt alle Zutaten ab und stellt sie bereit. Presst den Saft der halben Zitrone aus. Rührt den **Joghurt** mit dem **Zitronensaft** und **1 EL Zucker** glatt. Gebt die **Beeren** mit dem übrigen Zucker (1 EL) in ein hohes Gefäß und püriert sie.

Jetzt füllt ihr den Joghurt und das Beerenpüree **abwechselnd in die Förmchen**. Das Eis wird noch hübscher, wenn ihr das Beerenpüree mit einem Holzstäbchen marmoriert. Stieleisformen mit dem passenden Deckel verschließen. Ausgespülte Joghurtbecher mit einem Stück Frischhaltefolie abdecken, dann ein Haushaltsgummi außenherum spannen, damit die Folie fest sitzt. Nun den Spieß durch die Folie in den Joghurt stechen und einfrieren.

Und jetzt kommt der schwerste Teil: Ihr müsst nämlich **ungefähr 5-6 Stunden warten**, bis das Eis endlich fertig gefroren ist und ihr es essen könnt. **Aber dann wird es so richtig sommerlich!**

hihihi
Zucker
Mehl
MILCH
Zimt

Supersüüüüüüß!
Für
Zuckerschnuten
DIE WILDEN KANINCHEN
WK

ENERGIEKUGELN

Jetzt wird's ziemlich ayu… dingsbums.

So yogamäßig.

20 KUGELN IN 30 MINUTEN!
Das geht schnell. Die nehm ich morgen in die Schule mit.

Aber trotzdem schmecken die Kugeln nicht nur Mama, sondern auch mir. Und sie geben voll Kraft für die Schule!

Das braucht ihr dafür
1 Küchenwaage,
1 Schneidbrett,
1 Küchenmesser,
1 Rührschüssel

Zutaten
100 g Haferflocken
100 g entsteinte Datteln
150 g Mandelmus oder Erdnussmus
1–2 EL Honig
Zum Wälzen: 1–2 EL gehackte Mandeln, Kokosraspel, Sesam, gehackte Pistazien

Wiegt alle Zutaten ab und stellt sie bereit.

Schneidet die Datteln klein – das geht am besten, wenn sie weich sind. Wenn sie schon etwas trocken sind, kann Mama gern ein bisschen helfen.

Gebt die Haferflocken mit den Datteln, dem Mandelmus (**CHEYENNE findet Erdnussmus besser**) und dem Honig in eine Schüssel und verknetet alles kräftig zu einer klebrigen Paste.

Fügt noch ein bis zwei Esslöffel Wasser hinzu, bis sich die Masse gut formen lässt, und rollt kleine Kugeln daraus. Die Energiekugeln könnt ihr zuletzt noch in Mandeln, Kokosraspeln, Sesam oder Pistazien wälzen. **Dann kleben sie auch nicht mehr und schmecken noch viel besser.**

Hier, CHEYENNE, du kriegst eine vor deinem Geschichtsreferat bei Frau Kackert.

Mini-Kekse

TRAUMSTÜCKE SAGT **PAULS MUTTER** DAZU.

Na ja. ***Paul*** träumt davon, einen neuen Planeten zu entdecken, **CHEYENNE** träumt davon, mit Casimir ins Kino zu gehen … **und ich esse einfach nur die Kekse, weil die so lecker sind.**

Das werden **30 Kekse**, für ***Paul***, **CHEYENNE** **und mich.** Teig machen und formen dauert 30 Minuten. Im Ofen backen die Kekse 15 Minuten.

Das braucht ihr dafür

1 Küchenwaage,
1 Rührschüssel,
1 Messer, 1 Backblech mit Backpapier,
1 Gabel

Wiegt alle Zutaten ab und stellt sie bereit. Gebt das **Mehl** mit dem **Puderzucker**, dem **Puddingpulver** und 1 **Prise Salz** in eine Schüssel. Schneidet die **Butter** in kleine Würfel, die ihr ins **Mehl** legt, und verknetet alle Zutaten rasch zu einem Mürbeteig. **Bloß nicht zu viel kneten!** Anschließend kann Pauls Mutter dabei helfen, den Backofen auf 180 °C Ober-/Unterhitze vorzuheizen.

Zutaten für den Teig

280 g Weizenmehl Type 405
100 g Puderzucker plus mehr zum Bestreuen
1 Päckchen Vanillepuddingpulver
1 Prise Salz
200 g kalte Butter

Jetzt formt ihr aus dem Teig 2 cm dicke Rollen und schneidet 2 cm breite Stücke davon ab. Die Teigstücke rund rollen, auf der Oberfläche einmal leicht mit einer Gabel eindrücken und auf das Backblech legen. Dann schiebt ihr es in den heißen Backofen und wartet 15 Backminuten lang. Danach lasst ihr die Kekse auf dem Blech abkühlen. Zum Schluss könnt ihr noch Puderzucker drüber streuseln und schon sind sie essbereit!

Deshalb nehmen wir sie gleich mit ins Baumhaus. Leider fällt **RÉMI** **beim ersten Keks** ein, dass er auch einen Traum hat. Nein, **RÉMI**, lass meine Hand wieder los!

KEINE-ROSINEN-BRÖTCHEN

Eigentlich sind Rosinenbrötchen ja lecker.
Wenn nur die ganzen Rosinen nicht wären!

Aber man kann die Brötchen ja auch einfach ohne backen.

Aus der Teigmenge habe ich **12 Brötchen** geformt. Dauert 30 Minuten plus 1 Stunde Gehzeit und 25 Minuten Backzeit.

Das braucht ihr dafür
1 Küchenwaage,
1 Rührschüssel,
1 Messer, Handmixer mit Knethaken,
1 Backblech mit Backpapier,
Backpinsel

Zutaten für den Teig
500 g Weizenmehl Type 405
1 Päckchen Trockenhefe
25 g Zucker
1 Päckchen Vanillezucker
Salz
250 ml Milch plus mehr zum Bestreichen
75 g weiche Butter
1 Ei
1 Eigelb mit 2 EL Milch verquirlt

Wiegt alle Zutaten ab und stellt sie bereit. Gebt das **Mehl** mit der **Trockenhefe**, dem **Zucker**, dem **Vanillezucker** und **1 Prise Salz** in eine Schüssel und vermischt die Zutaten gründlich. Erwärmt die **Milch** in einem kleinen Topf nur ganz kurz, sie soll lauwarm sein.

Gießt die **Milch** zum **Mehl**, gebt die **weiche Butter** und das **Ei** dazu und verknetet alles mit den Knethaken des Handmixers zu einem glatten Hefeteig. Den Teig abdecken und in der warmen Küche 40 Minuten gehen lassen.

Danach geht's endlich weiter: Ihr bestreicht die Arbeitsfläche dünn mit Mehl und legt den Teig darauf. Aber ihr dürft ihn nicht mehr kneten, sondern nur zu einem dickeren Rechteck auseinanderziehen. Dann schneidet ihr den Teig in 3 gleiche Streifen und jeden Streifen noch einmal in 4 Stücke. Formt die Teigstücke rund und legt sie auf das Backblech, das ihr mit einem anderen umgedrehten Backblech abdeckt. Lasst die Teigstücke noch mal **20 Minuten gehen**. Gegen Ende dieser Zeit schaltet ihr zusammen mit Papa (oder so) den Backofen **auf 180 °C Ober-/Unterhitze** ein.

Ist der Ofen heiß, bestreicht ihr die Brötchen mit dem verquirlten Eigelb und schiebt das Blech in den Backofen, und zwar mit Papas Hilfe (auch wenn er nicht verstehen kann, warum ich Rosinenbrötchen ohne Rosinen backe).

Nach 20–25 Minuten sind sie dann fertig und Papa holt sie aus dem Ofen. **Solange sie abkühlen, decke ich den Sonntags-Frühstückstisch.** Und dann … nein, Papa, Pfoten weg! **Du nimmst gefälligst die Brötchen mit Rosinen!!!**

Waffelkekse

Waffeln oder Kekse? Was findet ihr leckerer? Also, ich kann mich gar nicht entscheiden ... deshalb backe ich einfach Waffelkekse!

Und zwar ganz ohne Backofen.

Die Waffelkekse reichen für 4–6 Personen und dauern 30 Minuten plus 10 Minuten Backzeit

Das braucht ihr dafür
1 Küchenwaage,
1 Rührschüssel,
1 Messer, 1 Backblech mit Backpapier,
1 Gabel,
Handmixer mit Knethaken,
Waffeleisen

Zutaten
250 g Weizenmehl Type 405
75 g brauner Zucker
Salz
1/2 TL Zimtpulver
125 g Butter
1 Ei
Speiseöl zum Einfetten
75 g Zartbitterschokolade

Wiegt alle Zutaten ab und stellt sie bereit. Gebt zunächst das Mehl, den braunen Zucker, 1 Prise Salz und den Zimt in eine Schüssel. Fügt die Butter und das Ei hinzu und vermischt die Zutaten kurz mit dem Handmixer auf niedriger Stufe. **Anschließend 1–2 Minuten auf hoher Stufe zu einem Mürbeteig verarbeiten.**

Gebt den Teig auf die Arbeitsfläche, formt einen Ziegel daraus und legt ihn abgedeckt für **20 Minuten in den Kühlschrank.** Klonk!

Danach dürft ihr endlich das Waffeleisen anmachen. Ihr zerhackt die Schokolade grob und füllt die Brösel in ein Schälchen. **Schneidet den Teig in 4 Stücke, formt 2 cm dicke Rollen und schneidet diese in 2 cm breite Stücke.**

Fettet das Waffeleisen mit etwas Speiseöl ein. Legt immer 5 Teigstücke, also in jedes Herz eins, mit ausreichend Abstand zueinander in das heiße Waffeleisen. Backt die Kekse goldbraun und knusprig. Anschließend müsst ihr sie vorsichtig mit einem Kunststoffheber aus dem Waffeleisen heben und auf ein Kuchengitter legen.

Streut die gehackte Schokolade über die noch warmen Kekse, so dass sie schmelzen kann. Die Waffelkekse nach dem Abkühlen in eine Dose packen und **SEHR GUT** vor den **Blödbrüdern** verstecken!

BUNTE WAFFELN

CHEYENNE hatte die Idee, auf dem Schulfest bunte Waffeln zu verkaufen. Und die waren echt der Renner – sogar **FRAU KACKERT** fand die gut. Allerdings ist uns schon wieder was Neues eingefallen: nämlich **Schwarz-Weiß-Waffeln!**

Frau Kackert

6 Waffeln bekommt ihr aus dem Rezept – wir haben fürs Schulfest natürlich die 5- oder 6-fache Menge gemacht. **20 Minuten Arbeit und 20 Minuten Backzeit!**

Das braucht ihr dafür
1 Küchenwaage,
2 Rührschüsseln,
Handmixer mit Schneebesen,
Löffel,
Waffeleisen

Für den Teig
125 g weiche Butter
80 g Zucker
2 Eier
250 g Weizenmehl Type 405
1/2 TL Backpulver
Salz
250 ml Milch
rote, gelbe, grüne und lila Lebensmittelfarbe
Speiseöl zum Einfetten

Wiegt alle Zutaten ab und stellt sie bereit. Gebt zunächst die Butter mit dem Zucker und den Eiern in eine Schüssel und schlagt die Zutaten mit den Schneebesen des Handmixers 2 Minuten auf.

Nun das Mehl, das Backpulver und 2 Prisen Salz unterrühren. Zuletzt die Milch unter den Teig mischen. **Verteilt den Teig in vier Schüsseln und rührt jeden Teig mit einer anderen Farbe an.** Stellt das Waffeleisen bereit, **holt euch einen Erwachsenen zur Unterstützung** (auf dem Schulfest war das CHEYENNES MAMI) und heizt das Waffeleisen auf. Fettet das Waffeleisen mit etwas Speiseöl ein.

Für eine grüne Waffel gebt ihr grünen Teig in das Waffeleisen. Backt sie einige Minuten goldbraun und knusprig. Die Waffeln auf einem Kuchengitter lauwarm abkühlen lassen (oder, wie auf dem Schulfest, gleich in einer Serviette auf die Hand) und mit Puderzucker bestreut genießen.

Klar, für eine rote Waffel nimmst du den roten Teig, für die gelbe den gelben, VERSTANDEN, CHEYENNE?

„**Oh**", hat Frau Kackert gesagt, „dazu hast du offensichtlich Talent, Cheyenne Wawrceck."

Lottas Tipp

Für Schwarzweiß-Waffeln teilt ihr den Teig in 2 Schälchen auf und mischt eine Hälfte mit 2 EL Backkakao und 1 EL Milch Dann in Klecksen hellen und dunklen Teig im Waffeleisen verteilen und backen.

Karotten-PANCAKES

Mama hat voll die knackigen **Karotten** vom WOCHENMARKT mitgebracht.

Eine kriegt erst mal Schrotti, das Kaninchen von CHEYENNE und ihrer Schwester Chanell. ***Und danach sind wir dran!***

Die reichen genau für CHEYENNE, PAUL, ***Rémi*** und mich und sind in 40 Minuten auf dem Tisch.

Das braucht ihr dafür

1 Küchenwaage,
1 Gemüseschäler,
1 Küchenreibe,
1 Schneidbrett,
1 Rührschüssel,
1 Schneebesen,
Backpinsel,
Waffeleisen

Zutaten

2 Karotten
1/2 unbehandelte Zitrone
2 Eier
500 ml Buttermilch
1 TL Zucker
Salz
1/2 TL Zimtpulver
225 g Weizenmehl Type 405
Speiseöl zum Einfetten
Honig zum Beträufeln

Wiegt alle Zutaten ab und stellt sie bereit. Wascht die Karotten, **schält sie und reibt sie auf der feinen Seite der Küchenreibe**. Wascht die Zitrone, tupft sie trocken und reibt das Gelbe der Schale ganz dünn ab. Presst den Saft der Zitrone aus.

Gebt die Karottenraspel mit der Zitronenschale, dem Zitronensaft, den Eiern, der Buttermilch, dem Zucker, 1 Prise Salz, Zimt und dem Mehl in eine Schüssel und rührt alles mit dem Schneebesen glatt.

Jetzt solltet ihr einem Erwachsenen Bescheid geben, zum Beispiel CHEYENNES Mami Sandra. **Heizt mit ihr zusammen das Waffeleisen vor.**

Streicht es dünn mit Öl ein und gebt 2–3 EL Teig in das heiße Waffeleisen. Backt die Waffeln einige Minuten, bis sie schön braun sind. Lasst sie auf einem Kuchengitter lauwarm abkühlen und beträufelt sie mit etwas Honig.

Hmmm, sooo lecker – mit den Waffeln schaffen wir es sogar, dass Chanell endlich mal still ist und aufhört, ständig Unsinn zu reden.

Kuchen im Glas

Schlechtes Wetter und Langeweile im Baumhaus? Dann gehen wir eben in die Küche und machen die allerbesten Kuchen – ganz ohne Backen! Pauls Mutter muss fast gar nicht dabei helfen.

Aus dem Rezept habe ich **4 Kuchen im Glas** bekommen.

der Nachtisch ist in 30 Minuten fertig

Das braucht ihr dafür
1 Küchenwaage,
1 Kochtopf,
Kochlöffel,
2 Schüsseln,
4 Dessertgläser

Zutaten
300 g Tiefkühl-Beerenmischung
3 EL Zucker
2 TL Speisestärke
100 g Vollkornkekse
100 g Frischkäse
2 EL Milch
250 g Speisequark
150 g Joghurt
1/2 Zitrone

Wiegt alle Zutaten ab und stellt sie bereit. Für das Beerenkompott verrührt ihr in einem kleinen Topf die Beeren mit 1 EL Zucker, der Speisestärke und 50 ml Wasser. Dann ruft Paul seine Mutter, weil es jetzt kurz mal heiß wird: Stellt den Topf auf den Herd und kocht die Mischung unter Rühren langsam auf. Lasst die Beeren 1 Minute kochen, zieht den Topf dann vom Herd und lasst sie anschließend abkühlen.

Für den Boden zerkrümelt ihr die Kekse in sehr kleine Stücke (nein, CHEYENNE, nicht mit Pauls Turnschuh!). Mischt sie mit der Hälfte vom Frischkäse und der Milch und verteilt die Mischung in den Gläsern. Drückt die Kekskrümel fest.

Für die Creme verrührt ihr den Quark mit dem Joghurt, dem übrigen Frischkäse, 2 EL Zucker und dem Saft der halben Zitrone. Füllt die Creme in die Gläser und stellt sie für 1 Stunde kalt. In der Zeit könnt ihr im Baumhaus Karten spielen oder einer Kröte auf der Straße das Leben retten.

Zuletzt kommt noch das **Beerenkompott auf die Quarkcreme obendrauf** und dann müsst ihr das Ganze nur noch heil ins Baumhaus kriegen, um es auszulöffeln.

„Allerbeste Kuchen", sagt Rémi. Und da hat er wohl recht!

Apfeltaschen

So, heute sorge ich mal für den Nachtisch. Und weil CHEYENNE mir hilft, darf sie natürlich auch mitessen. Arme Mama, ich glaub, **alle wollen nur Apfeltaschen** und nichts von ihrem Rosenkohlcurry …

Aus dem Blätterteig habe ich **8 Apfeltaschen** rausbekommen. Dafür stand ich 30 Minuten in der Küche plus 20 Minuten Backzeit.

Das braucht ihr dafür
Küchenwaage,
1 Pizzarad oder
1 Messer,
1 Backblech mit
Backpapier,
Gemüseschäler,
Küchenreibe,
1 Schüssel,
Gabel,
Backpinsel,
kleines Sieb

Zutaten
1 Rolle Blätterteig
2 Äpfel
1 TL Zimtpulver
1 EL Zucker
1 EL Speisestärke
2–3 EL Milch
2 EL Mandelblättchen
2–3 EL Puderzucker

Wiegt alle Zutaten ab und stellt sie bereit. Schaltet den Backofen auf 200 °C Ober-/Unterhitze ein und legt ein Backblech mit Backpapier aus.

Entrollt den Blätterteig und teilt ihn in 8 Stücke, also einmal der Länge nach und dreimal quer durchschneiden. Wascht die Äpfel, schält sie rundherum und reibt sie mit der groben Seite der Küchenreibe, bis nur noch das Kerngehäuse übrig ist. Jetzt die Apfelraspel mit dem Zimt, dem Zucker und der Speisestärke mischen.

Verteilt die Apfelmasse auf den Blätterteigstücken – aber nicht auf der ganzen Fläche, sondern immer nur auf einer Seite. Auf der anderen Seite schneidet ihr den Teig 3–4 Mal mit einem kleinen Messer ein. Einfach kurze, schräge Schlitze in der Mitte, dann kann der heiße Dampf entweichen und es sieht superhübsch aus. Jetzt nur noch die eingeschnittene Seite über die Apfelfüllung klappen und die Teigränder **rundherum mit einer Gabel andrücken.** Streicht die Oberfläche mit Milch ein und streut die Mandelblättchen drüber. Dann schiebt ihr die Taschen in den Ofen, am besten zusammen mit Papa, und backt sie 20 Minuten lang.

Nein, Mama, **bitte nicht böse sein, dass niemand dein Rosenkohlcurry will** … Hier, nimm noch eine **Apfeltasche.** Lauwarm und mit Puderzucker bestreut, hmmm ….

Selbstgemachte MILCH-SCHOKO-SCHNITTE

Viel dicker und leckerer als aus dem Supermarkt und ganz ohne Plastikfolie: Die könnte CHEYENNE den ganzen Tag essen. Oh Mann, ich muss echt aufpassen, dass für mich auch noch welche übrig bleiben …

CHEYENNE, kommst du?

Das werden 12 leckere Schnitten, die in 1,5 Stunden fertig sind. Zu zweit geht's natürlich etwas schneller.

Das braucht ihr dafür
1 Küchenwaage,
1 Backblech mit Backpapier,
2 Rührschüsseln,
1 Handmixer mit Schneebesen,
Schneebesen

Zutaten für den Teig
70 g Weizenmehl Type 405
1 Päckchen Vanillepuddingpulver
1 TL Backpulver
2 EL Kakaopulver
4 Eier
50 g Honig

Für die Füllung
200 g gut gekühlte Sahne
1 EL Vanillezucker
1 Päckchen Sahnesteif
1 Becher fester Schmand (200 g)

Wiegt alle Zutaten ab und stellt sie bereit. Schaltet den Backofen auf 175 °C Ober-/Unterhitze ein und stellt ein Backblech mit Backpapier bereit.

Für den Schokoboden mischt ihr zunächst in einer Schüssel das **Mehl** mit dem **Vanillepuddingpulver**, dem **Backpulver** und dem **Kakaopulver** gründlich. In eine zweite Schüssel kommen die Eier, dann gebt den Honig dazu und schlagt das klebrige Gemisch mit dem Handmixer oder dem Schneebesen der Küchenmaschine 3 Minuten lang schaumig auf. Nun fügt ihr die Mehlmischung hinzu. Rührt nicht zu viel, nur kurz unterheben, bis keine Klümpchen mehr zu sehen sind.

Den Teig auf dem Backblech verteilen, glatt streichen und in den heißen Backofen schieben.

CHEYENNE hat es so eilig, die würde es am liebsten alleine machen … aber nee, dazu rufen wir lieber Mama oder Papa. **Der Boden muss nun 15 Minuten backen**, dann könnt ihr das Backblech vorsichtig wieder aus dem Ofen nehmen, auch mit Mama oder Papa zusammen. Stellt es auf ein Brett und lasst den Schokoboden **abkühlen**.

... hier geht's weiter

Für die Cremefüllung die Sahne mit dem Vanillezucker und dem Sahnesteif in einen hohen Mixbecher füllen. Dann steif schlagen, nur nicht zu lange, sonst wird es Butter (das Ganze geht natürlich auch mit einer Küchenmaschine). Ganz am Ende kommt der Sauerrahm noch zur Sahne. Schlagt ihn kurz unter.

Jetzt löst ihr das Backpapier vom Schokoboden und halbiert ihn waagerecht. Eine Hälfte wird mit der Creme eingestrichen, die andere Hälfte obendrauf gelegt und leicht angedrückt. **Streicht die Ränder mit einem Messer glatt, damit alle Stücke später gut aussehen.** Zusammen mit einem Erwachsenen hebt ihr nun den gefüllten Schokoboden auf eine Platte, deckt das Ganze ab und stellt es für 2 Stunden in den Kühlschrank, damit die Creme schön fest wird. Anschließend schneidet ihr das Stück in ungefähr 3 x 8 cm große Milchschnitten.

Und dann dürfen CHEYENNE, Jakob und Simon und ich natürlich jeder eine probieren. Aber der Rest kommt erstmal zurück in den Kühlschrank.

Arme Ritter mit Zimt-Zucker

Bei CHEYENNE sind alte Brötchen vom Wochenende übrig geblieben? Das ist ein Fall für uns! Schließlich sind wir für Umweltschutz und gegen Lebensmittelverschwendung und überhaupt: **Arme Ritter kann man einfach immer essen!**

Reicht für 1 Person (also nur für CHEYENNE. Menno. Zum Glück sind 2 alte Brötchen übrig ...) Dauert 20 Minuten

Das braucht ihr dafür

Messbecher,
flache Schale,
1 Schneidbrett,
1 Messer,
1 kleine Auflaufform oder Schale,
1 Pfanne,
1 Pfannenwender

Zutaten

1 Ei
50 ml Milch
1 TL Vanillezucker
2 altbackene Scheiben Toastbrot oder 1 altbackenes Brötchen
1 EL Butter
1 EL Zucker
1/2 TL Zimtpulver

Wiegt alle Zutaten ab und stellt sie bereit. Schlagt das Ei in einer flachen Schale auf, fügt die Milch und den Vanillezucker hinzu und verquirlt alles gründlich mit einer Gabel oder einem Schneebesen. Legt die Brotscheiben (oder das Brötchen, in Scheiben geschnitten) in die Milch und badet sie darin von beiden Seiten, bis die Ei-Milch-Mischung aufgesogen ist.

Tränken, sagt CHEYENNES Mami Sandra dazu.
Wenn sie meint ... Jedenfalls hilft sie uns dabei, die Pfanne mit der Butter auf den Herd zu stellen und sie bei mittlerer Temperatur zu schmelzen. Also, die Butter, nicht die Pfanne.

Danach werden die eingeweichten Brotscheiben aus der Schale in die Pfanne gelegt und schön langsam **(also mit nicht zu viel Hitze)** von beiden Seiten goldbraun und knusprig gebraten. Währenddessen solltet ihr sie ein- bis zweimal wenden. Dann legt ihr die Armen Ritter auf einen Teller, streut noch Zimt und Zucker drauf und: Guten Appetit!

Wie, Sandra möchte auch mitessen? Dann braucht ihr eben von allem die dreifache Menge.
Na toll, jetzt heult auch noch Chanell ... Jaaa, du kriegst natürlich auch was ab!

Übrigens: Mein selbstgemachtes Kompott schmeckt dazu voll lecker. Schaut mal auf Seite 20.

LOVE
Zucker
Mehl
MILCH
Zimt

Gluck, gluck ...
Trinkvergnügen
DIE WILDEN KANINCHEN
WK

Bananen-Eis-Shake

Voll cool! Und nicht nur, weil man die Bananen vorher einfrieren muss. Aber das hier ist **einfach der cremigste, sommerigste und bananigste Eis-Shake der Welt!**

Das reicht für 4 Gläser und ist in nur **20 Minuten** fertig. Dann habe ich es noch 6 Stunden eingefroren.

Das braucht ihr dafür
Küchenwaage,
Gefrierdose,
1 Standmixer

Zutaten
4 reife Bananen
400 ml Milch
150 g Joghurt
1 Zitrone
Eiswürfel (wer mag)

Schält die Bananen, schneidet sie in kleine Stücke und gebt sie in eine flache Gefrierdose. Ein Teller geht natürlich auch. Danach friert ihr die Bananenscheiben für mindestens 5–6 Stunden ein – oder sogar über die ganze Nacht (also, im Sommer friere ich mir immer gleich einen ganzen Bananenvorrat ein).

Wenn die Bananenstücke dann ordentlich durchgefroren sind, wiegt ihr die Zutaten ab und stellt alles bereit. Anschließend gebt ihr sie zusammen mit der Milch, dem Joghurt und dem Saft der Zitrone in den Mixer. Das geht leicht: Deckel drauf und einfach losmixen. Trotzdem hilft besser ein Erwachsener dabei. Mixt 1 Minute lang, dann wird der Shake nämlich so richtig schön cremig. Zum Schluss teilt ihr ihn dann auf vier Gläser auf.

CHEYENNE macht sich immer noch ein paar Extra-Eiswürfel rein, aber mir ist der Eis-Shake auch so schon kalt und lecker genug.

Übrigens: ***Je reifer*** die Bananen sind, **umso süßer** werden sie. Auch braune Stellen sind überhaupt kein bisschen schlimm, **echt!**

Selbstgemachte Kräuter-Früchte-Teemischung

Ich hab voll die gute Idee für Mama zum Geburtstag: selbstgemachten Tee!
Der ist zwar nicht Ayu...dingsbums, aber trotzdem total öko und außerdem lecker. Allerdings muss ich rechtzeitig damit anfangen, weil die Kräuter echt lange zum Trocknen brauchen.

Auf Vorrat
Dauert einige Tage

Das braucht ihr dafür
1–2 Backbleche,
Küchensieb,
saubere Küchentücher,
1 Vorratsglas

Zutaten
1 große Handvoll Kräuterstängel (Pfefferminze, Salbei, Thymian, oder was ihr mögt)
1 Apfel (oder auch nur die übrig gebliebenen Apfelschalen vom Apfelkuchen, können natürlich auch mehr sein)
1 unbehandelte Orange

Zunächst wascht ihr die Kräuter in einer Schüssel mit kaltem Wasser. Dann wechselt ihr das Wasser und wascht sie noch mal. **An den Kräutern kann nämlich echt viel Schmutz dran sein, vor allem, wenn ihr sie im eigenen Garten geerntet habt.** Und da hilft eben nur gründlich waschen. Anschließend lasst ihr die Kräuterstiele abtropfen und auf einem Backblech mit untergelegtem Küchentuch trocknen. Ist das Wasser verdunstet, könnt ihr auch ohne Küchentuch weitertrocknen, nur so auf dem Blech oder einer anderen trockenen Unterlage. Entweder in der Sonne oder auf der Heizung. Nach einigen Tagen sind die Blätter schön trocken.

Dann den Apfel waschen, vierteln und in dünne Scheiben schneiden. Die Scheiben (oder nur ein paar Apfelschalen) auf einem Backblech mit Backpapier einzeln nebeneinander legen. Am besten nutzt ihr die Restwärme aus dem Backofen, wenn ihr sowieso gerade etwas darin gebacken habt. Die reicht nämlich aus. Die Bleche also in den noch warmen Ofen schieben, einen Holzlöffel in die Tür klemmen und das Obst darin 3–4 Stunden trocknen lassen.

Mit der Orange geht das genauso. Wascht die Orange, halbiert sie und s**chneidet sie samt der Schale in dünne Scheiben.** Dann auf einem Backblech verteilen und wie die Apfelscheiben im Ofen trocknen. Apfel- und Orangenscheiben können auf einem Blech zusammen trocknen oder ihr macht das nacheinander.

Diesen Vorgang wiederholt ihr so lange (also immer, wenn der Ofen noch Restwärme hat), bis sowohl die Orangenscheiben als auch die Apfelstücke **richtig trocken** sind. Anschließend alles in sehr kleine Stücke teilen und in ein Vorratsglas füllen. Trocken lagern.

Zum Glück tut sie so, als hätte sie gar nichts mitgekriegt von diesen ganzen Trocknungen ...

TEE KOCHEN

Für 1 Tasse Tee braucht ihr 2 TL Tee-Mischung. Gebt diese in einem Tee-Ei oder Teebeutel in eine Tasse und gießt 150–200 ml kochendes Wasser aus dem Wasserkocher auf. Vorsicht, heiß – Eltern holen! 10 Minuten ziehen lassen, dann könnt ihr den Tee rausnehmen und vooorsichtig schlürfen.

Hausgemachte Zitronen-Orangen-Limo

Die mache ich zu meinem Geburtstag! **Wenn wir abends alle zusammen ums Lagerfeuer sitzen** ... obwohl, ich mach lieber gleich die doppelte Menge.

Das braucht ihr dafür
1 Krug,
1 Zitronenpresse,
1 Rührlöffel,
1 Schneidbrett

Reicht für 6 Personen
Dauert 20 Minuten

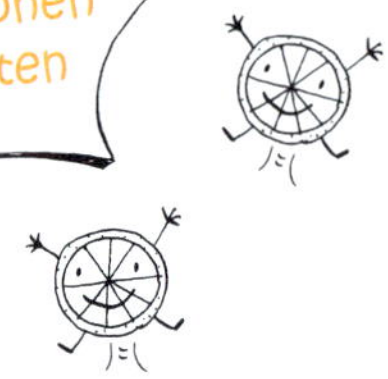

Zutaten
3 Zitronen
3 Orangen
1 l Wasser
80 g Zucker (oder mehr oder weniger)
Eiswürfel zum Servieren
Mineralwasser mit oder ohne Kohlensäure

Stellt alle Zutaten bereit. Halbiert die Zitronen und Orangen und presst den Saft aus. Nun gießt ihr 1 l kaltes Wasser in einen Krug, gebt den Zitronen- und Orangensaft zum Wasser, rührt den Zucker unter und stellt das Ganze kalt. 2-3 Stunden reichen - aber natürlich könnt ihr die Mischung auch bis zum nächsten Tag kaltstellen.

Wenn sie dann auf den Tisch kommt, gebe ich allen ein halbes Glas davon. Und danach kann sich jeder sein Glas mit Sprudelwasser auffüllen und so viele Eiswürfel nehmen, wie noch reinpassen. **Prost! Auf mich!**

Kleine Hexe

Nein, falsch geraten. Weder Berenike noch Frau Kackert kriegen was davon ab! Die beiden Gläser sind **für CHEYENNE und mich**.
Und dann sitzen wir **mit Sonnenbrillen im Liegestuhl** bei uns im Garten und schlürfen die. Ha!

Ich habe 2 Gläser gemacht und nur 10 Minuten in der Küche gestanden!

Das braucht ihr dafür
2 schöne Trinkgläser,
Eisportionierer oder Esslöffel,
Strohhalm

Zutaten
2 Kugeln Vanilleeis
300 ml Orangensaft
2 EL Sahne, geschlagen
1 TL bunte Streusel

Stellt alle Zutaten bereit. Formt **zwei riesengroße** und kugelrunde Eiskugeln und gebt sie in die Gläser. Die füllt ihr dann mit **Orangensaft** auf und setzt obendrauf **einen Esslöffel Sahne**. Und zum Schluss streuselt ihr bunte Streusel über alles.

BOAH, DAS IST JA SOWAS VON EINFACH, das machen wir jetzt jeden Tag, oder, CHEYENNE?

CHEYENNE findet das auch.
Und jetzt schnell raus in die Sonne!

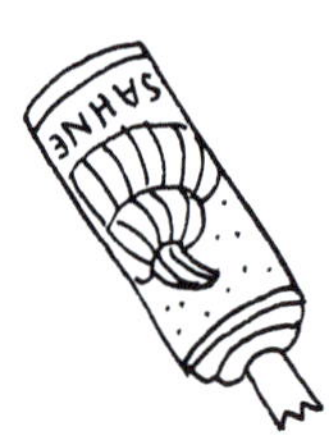

Ice Tea

Mama kauft nie Eistee, weil der voll ungesund ist. Viel zu viel Zucker, sagt sie.

Tja, Mama, aber du kennst **meinen selbst gemachten Spezial-Eistee** noch nicht! Der braucht zwar etwas Zeit zum Abkühlen – aber dann schmeckt er sogar dir!

Ich habe 4 Gläser gemacht und war in nur 20 Minuten fertig ...okay, ein bisschen abkühlen muss er noch.

Das braucht ihr dafür
1 Wasserkocher,
1 Teekanne,
1 Krug

Zutaten
10 Teebeutel Früchtetee Pfirsich
1 Zitrone
(oder auch etwas mehr)
2 EL Honig
(oder mehr oder weniger)
einige Eiswürfel zum Servieren
4 Stängel frische Minze

Kocht 1 l Wasser im Wasserkocher auf und gebt die Teebeutel in die Teekanne. Dann holt euch einen Erwachsenen dazu, **weil kochendes Wasser echt heiß ist!** Gießt den Tee auf und lasst ihn 10 Minuten ziehen. Danach holt ihr die Teebeutel raus und werft sie weg. Presst nun den Saft der Zitrone aus und gebt ihn zusammen mit dem Honig zum Tee. **Zum Schluss rührt ihr das Ganze um.** Jetzt muss der Tee nur noch im Kühlschrank schön kalt werden. Dafür müsst ihr ein paar Stunden warten ... oder auch die ganze Nacht. Und dann könnt ihr ein paar Eiswürfel in ein Glas klimpern, einen Minzzweig dazutun – und das Glas Mama geben. Schmeckt klasse, oder, Mama? Ja, natürlich mache ich mir selbst auch ein Glas.

CHEYENNE mag übrigens am liebsten **Kirscheistee**. Und natürlich kann man auch Apfeleistee, Pfefferminzeistee oder Zitroneneistee machen, die Sorten schmecken genauso gut. Man muss einfach nur seinen Lieblings-Früchtetee kaufen.

Wassermelonen-Slushi

Wenn es im Sommer so richtig heiß ist, schlürft CHEYENNE ständig Slushis in allen möglichen Farben. „Weil, das erfrischt und ist krass lecker", sagt sie immer. ***Für den leckersten Slushi von allen braucht man übrigens nicht mal Zucker!*** Man muss bloß die Melone rechtzeitig einfrieren!!!

Aber danach geht es superschnell: **NUR 10 MINUTEN!** Und wenn CHEYENNE und ich **eine richtig große Wassermelone erwischen**, kriegen sogar meine **Blödbrüder** was davon ab.

Das braucht ihr dafür
1 Küchenmixer,
1 Gefrierdose,
Schneidbrett,
Messer

Zutaten
1 Wassermelone
(möglichst kernlos, sonst hab ihr hinterher lauter schwarze Punkte im Glas. Oder ihr müsst die Kerne vorher rauspulen.)

Halbiert die Wassermelone, **löffelt** das Fruchtfleisch aus der Schale und gebt es in eine breite Gefrierbox. Die verschließt ihr mit einem Deckel und friert alles **über Nacht** ein.

Am nächsten Tag dann die gefrorenen Melonenstücke **(wenn sie zu einem großen Block zusammengefroren sind, lasst die Melonenstücke einige Minuten antauen.** Danach können Mama oder Papa sie mit einem Messer zerteilen) im Küchenmixer zerkleinern und pürieren.

Am Ende gebt ihr schluckweise kaltes Wasser dazu und püriert weiter, bis es so richtig slushig ist – also so matschig wie Schneematsch.

Und jetzt kommt das Wichtigste: Ihr füllt den Slushi in Gläser und dann wird geschlürft **... am besten mit einem bunten Strohhalm!**

Register

A

B

C

E

G

H

I

K

SUPI

Alice Pantermüller / Daniela Kohl

Mein Lotta-Leben

Alles voller Kaninchen (Bd. 1)
978-3-401-06739-1

Wie belämmert ist das denn? (Bd. 2)
978-3-401-06771-1

Hier steckt der Wurm drin! (Bd. 3)
978-3-401-06814-5

Daher weht der Hase! (Bd. 4)
978-3-401-06833-6

Ich glaub, meine Kröte pfeift (Bd. 5)
978-3-401-06961-6

Den Letzten knutschen die Elche (Bd. 6)
978-3-401-06965-4

Und täglich grüßt der Camembär (Bd. 7)
978-3-401-60038-3

Kein Drama ohne Lama (Bd. 8)
978-3-401-60039-0

Das reinste Katzentheater (Bd. 9)
978-3-401-60063-5

Der Schuh des Känguru (Bd. 10)
978-3-401-60064-2

Volle Kanne Koala (Bd. 11)
978-3-401-60136-6

Eine Natter macht die Flatter (Bd. 12)
978-3-401-60137-3

Wenn die Frösche zweimal quaken (Bd. 13)
978-3-401-60332-2

Da lachen ja die Hunde! (Bd. 14)
978-3-401-60333-9

Wer den Wal hat (Bd. 15)
978-3-401-60334-6

Das letzte Eichhorn (Bd. 16)
978-3-401-60496-1

Je Otter, desto flotter (Bd. 17)
978-3-401-60504-3

Im Zeichen des Tapirs (Bd. 18)
978-3-401-60505-0

Hier taucht der Papagei (Bd. 19)
978-3-401-60652-1

Alles Bingo mit Flamingo
978-3-401-60562-3

Alles Tschaka mit Alpaka!
978-3-401-60686-6

Jeder Band:
Ab 9 Jahren • Mein Lotta-Leben • Gebunden (Flexcover) • Mit runden Ecken • Als Hörbuch bei JUMBO • www.arena-verlag.de

Ebenfalls erhältlich ...

ISBN 978-3-95961-501-3

Jetzt kann gekocht werden, was Lotta isst. Denn Lotta und ihre Freundin Cheyenne lieben Essen, besonders Muffins, Käsebrot mit Chips, Eis, Pizza und Erdnussbutter.

ISBN 978-3-95961-589-1

Lotta und Cheyenne lieben Kuchen! Hier sind von »Ameisenkuchen« über »Muffins mit Versteck« bis zu Hundekeksen für Polly alle Leckereien aus Lottas Welt. Sooo lecker!

CHRISTIAN

www.christian-verlag.de

Impressum

Verantwortlich: Sonya Mayer
Texte und Rezepte: Susann Kreihe
Textredaktion und -bearbeitung: Alice Pantermüller, www.alice-pantermueller.de
Umschlaggestaltung, Umschlagillustrationen, Kapitelaufmacher & Illustrationen im Innenteil:
© Daniela Kohl, www.heutebunt.de
Foodstyling und Foodfotografie: Arina Meschanova (@eg0istka) & Vjacheslav Shishlov (@rndr)
Layoutgestaltung und Layout: Kim Aichholz
Repro: LUDWIG:media
Korrektorat: Katrin Marburger
Herstellung: Julia Hegele

Printed in Poland by CGS Printing

★★★★★

Sind Sie mit diesem Titel zufrieden? Dann würden wir uns über Ihre Weiterempfehlung freuen. Erzählen Sie es im Freundeskreis, berichten Sie Ihrem Buchhändler oder bewerten Sie bei Onlinekauf. Und wenn Sie Kritik, Korrekturen, Aktualisierungen haben, freuen wir uns über Ihre Nachricht an Christian Verlag, Postfach 40 02 09, D-80702 München oder per E-Mail an lektorat@verlagshaus.de

Unser komplettes Programm finden Sie unter: www.christian-verlag.de

Alle Angaben dieses Werkes wurden von der Autorin sorgfältig recherchiert und auf den neuesten Stand gebracht sowie vom Verlag geprüft. Für die Richtigkeit der Angaben kann jedoch keine Haftung übernommen werden, weshalb die Nutzung auf eigene Gefahr erfolgt. Sollte dieses Werk Links auf Webseiten Dritter enthalten, so machen wir uns die Inhalte nicht zu eigen und übernehmen für die Inhalte keine Haftung.

Die Deutsche Nationalbibliothek verzeichnet diese Publikation in der Deutschen Nationalbibliografie; detaillierte bibliografische Daten sind im Internet über http://dnb.d-nb.de abrufbar.
Die Reihe „Mein Lotta-Leben" wird geschrieben von Alice Pantermüller und illustriert von Daniela Kohl. Sie erscheint im Arena Verlag, Würzburg.

Bildnachweis

Alle Fotografien in diesem Buch und auf der Buchrückseite stammen von Arina Meschanova und Vjacheslav Shishlov, mit Ausnahme von: Seite 41: Shutterstock / sergioboccardo; Seite 111: Shutterstock / ffolas; Seite 121: Shutterstock / Kati Finell.

Alle Illustrationen des Umschlags und des Innenteils stammen von Daniela Kohl.

ISBN 978-3-95961-848-9